다시, 스무살

책을 역으며

다시, 스무살

다시, 스무 살이 될 것을 그 누가 상상이나 했겠는가?

학교 교정에 쏟아지는 눈 부신 햇살,

스무 살의 설레임을 느끼는 이 순간,

나를 채워 준 모든 시간과 인연에 감사드린다.

오늘 배우면 내일 잊어버리는 나이가 되었다.

매일 해가 뜨지 않는 날이 없듯이

어제보다 나은 오늘, 그리고 나누고 봉사하는 삶을

그렇게 살아가는 것이 인생이라고 여기며 살고자 한다.

부끄러운 생각과 끄적여놓은 글들을 엮어서

감히 '자서전'을 내기까지

격려와 용기를 불어 넣어주신 장호중 교수님께 감사를 드린다.

삶의 우물가에 서서 머물던 시간들을 조심스레 퍼 올려 본다.

멀리 보지 않고 숨소리가 들릴 만큼 가까이에서 일어난

소소하고 작은 이야기를 꺼내 엮을 수 있음에

책을 내기까지 도와준 아들 두 내외와

이야기담 출판사께도 감사드린다.

삶의 우물이 마르지 않게 샘 솟을 수 있도록

삶의 조각을 나누어 주신 초록우산 어린이재단과

모든 분들 덕분에 내가 살고 있다.

감사합니다. 고맙습니다. 사랑합니다.

차례

아버지와 숨바꼭질	009
고단한 삶의 우리 어머니	014
내 별명은 앵애사장이다	020
처갓집 주소록	024
남편의 죽음	027
미용실 견습공이 되다	030
구들장, 식당의 탄생	035
추억의 옛날 도시락 벤또	039
애~앵 애~앵	043
구들장, 제2막을 열다	051
인근 교회에서 보내온 소장	057
초록우산 어린이재단	072

장주기요셉의집 친구들	077
원주고등학교 동문이 되다	082
늦깎이 여고생	086
평양을 가다	092
시민서로돕기천사운동	105
준호, 윤호 파이팅	109
신나는 기부	112
명륜1동 바르게살기운동	116
명륜1동행정복지센터	122
평생 배움으로 다시, 스무살	127
댄싱카니발	136
금쪽같은 내 자식들에게	142

아버지와
숨바꼭질

1954년 음력 12월 8일

원주시 봉산동 1120번지에서 2남 6녀의 8남매 중 여섯 번째 딸로 태어났다. 아버지는 평생을 전기업으로 우리 10식구를 먹여 살렸다. 일은 열심히 하였으나 모두가 다 어려운 시절이라 외상으로 공사를 하여 돈도 제대로 받지를 못하고 떼이기도 하였다. 인정이 많은 아버지는 남이 부탁을 하면 거절을 못 하는 성격에 빚보증까지 서 가정 형편은 늘 어려웠다. 속이 상한 아버지는 술에 의지하고, 술이 술을 먹으니 결국 주정으로 이어졌다.

술 때문에 어머니 속을 어지간히 썩이셨던 아버지…

대문 밖에서부터 아버지의 술 취한 목소리가 들린다.

비틀비틀 터벅터벅, 술 취한 아버지의 발소리가 우리 식구에게는 익숙하다.

평소에는 남에게 싫은 소리 한번 못하고 가족들도 잘 챙기는 다정하신 아버지셨는데 술만 마셨다 하면 엄동설한 추운 겨울에도 밤늦게 들어와 곤하게 잠자고 있는 8남매를 다 두드려 깨워 집 밖으로 내쫓고 들들 볶는 것이 흠인 아버지.

아버지의 발소리가 들리면 어머니와 우리는 자다가도 벌떡 일어나 아버지의 술 주정을 피해 후다닥 알아서 제각기 숨어 버리곤 하였다.

숨을 장소를 찾아보지만 뻔했다. 마당 끝에 멀찌감치 떨어져 있는 변소나, 캄캄한 부엌 뒤뜰, 전기재료 창고가 전부였다. 아버지도 다 알고 있는 장소였다. 우리는 삼삼오오 모여서 숨을 죽이고 조용히 있는다. 누구 한 사람이라도 기침을 하면 큰일이였다.

신발이 벗겨져 부스럭대는 소리에 아버지는 눈치를 채고 우리들이 있는 곳으로 다가온다. 아버지에게 잡힐 듯하면 후다닥 다른 곳으로 숨어 온 집안을 빙글빙글 돈다. 한참을 돌다 보면 어느새 아버지도 우리의 뒤를 따라 같이 돌고 있다. 그 모양새가 무척 웃겼다.

우리는 잡힐까 봐 도망 다니면서도 신이 났다. 아버지를 약 올리듯 빠르게 숨고 돌아 빙글빙글 숨바꼭질을 했다.
술 취한 사람이 말짱한 우리를 따라잡을 리가 없다. 그때는 아버지가 밉고 싫었는데 지금 생각하니 유일하게 아버지와 함께 놀았던 놀이였다는 생각이 든다.

어느 날
막내 남동생이 7살인가 8살 때, 방 안에서 머뭇거리다 누나들을 미처 따라 나오지 못해 아버지에게 붙잡힌 적이 있었다.
방안 윗목에는 쌀 항아리가 있었는데 어찌나 급했는지 항아리 뚜껑을 열고 그 속에 머리만 처박고 엉덩이와 팔, 다리는 밖에서 버둥거리고 있는 것이 아닌가.

"요놈 여기 있었네. 하하하 잡았다"

아버지는 막내아들을 번쩍 들어 꺼내 놓는다. 그날 아버지 주정은 막내 몫이었다. 밖에서 들으니 엄마와 누나들 찾아오라고 들들 볶는다. 막내는 아버지 다리도 주무르고, 아버지의 비위를 맞춰 아버지가 잠드시게 한 후 우리에게 들어오라는 막내의 신호를 받아야만 방으로 들어가 잠을 잘 수가 있었다. 우리 가족은 방 두 칸에 10명이 살아야 했다.

다음날 아침이면 아버지는 온 가족에게 미안하다며 손이 발이 되도록 싹싹 빈다. 어머니에게 많이 혼났다.

빌면 뭐하나 술만 취하면 연속 방송극이다. 그때는 아버지가 야속하고 미웠는데 지금은 모든 것이 이해가 된다.

우리 가족을 먹여 살리느라 얼마나 힘이 드셨을까?

가족을 믿기에 주정으로 나마 힘든 마음을 푸신걸까?

마음을 푸는 방법은 잘못되었지만 그래도 아버지가 살아 있을 때가 좋았다. 아버지의 술 주정으로 집안은 시끄러웠으나 어머니가 지혜롭고 온순하셔서 부부 사이는 좋았던 걸로 기억한다.

어머니가 수저에 밥을 뜨면 아버지는 습관적으로 자기가 좋아하는 반찬을 어머니 수저에 자주 올려주셨다. 어머니는 그것이 싫어서 불평도 하고, 아버지와 토닥 토닥 싸우던 생각이 많이 난다.

어머니도 당신이 드시고 싶은 반찬이 있을 텐데 아버지 마음대로 반찬을 올려주니 싫었을게다.
어머니가 싫어하는 것을 알면서도 아버지는 능청스레 반찬 올리기에 열심이셨다. 어머니가 싫어하거나 말거나 아버지만의 애정 표현이 아니었을까.

"웅이엄마 이것 먹어봐 아주 맛있어"

아버지가 어머니를 향해 말씀 하시던 목소리가 지금도 내 귓전에서 아른거린다.
아버지는 30년 전 당뇨 합병증으로 69세에 세상을 떠나셨다. 우리 8남매 공부 시키고 먹여 살리느라 고생한 아버지.
지금에 와 생각하니 아버지의 술 주정을 피해 도망 다닌 것이 아버지와 유일하게 놀았던 숨바꼭질이었다.

고단한 삶의
우리 어머니

아버지의 반복되는 술 주정과 가난한 살림살이에 이력이 나신 아머니는 알뜰한 살림꾼이셨다. 가족의 생계를 위해서라면 궂은일도 마다하지 않았다. 집에서 누에 치기, 돼지 키우기, 공장 사람들 밥해주기, 남의 집 일해주고 품삯 받기, 돈 되는 일이라면 가리지 않고 다 하셨다. 늘 가난한 탓에 연탄 살 돈도 부족했다. 땔감을 해 오기 위해 시간을 내어 치악산으로 나무를 하러 가셨다. 여자의 몸으로 나뭇단을 머리에 이고, 등에 지고 나른다는 것이 얼마나 힘든 일인가?

나는 언니와 함께 엄마를 따라다니던 기억이 생생하다. 오가는 길에 산나물도 많이 뜯으셨다. 오늘 저녁 가족의 끼니를 위해

서다.

큰 솥에 나물을 삶고 된장을 훌훌 풀어 쌀은 아끼느라 조금 넣고 나물만 많이 넣어 나물죽을 끓여 놓으셨다. 다 끓인 죽에 찬물 한 바가지 더 부어 휘휘 저어 죽의 양을 늘려 놓으셨다. 우리에게 조금이라도 더 먹이기 위해서다. 먹을 것이 없었던 우리는 늘 허기가 져 항상 배가 고팠다.

"엄마도 빨리 먹어"

건성으로 말하고 둥그렇게 둘러앉아 허겁지겁 먹기 시작했다. 몇 순가락 뜨신 어머니는 슬그머니 윗목으로 나앉으신다.

"엄마 이거 안 먹을거야?"

내 눈은 어느새 어머니가 남긴 죽에 가 있다. 얼른 한 수저 퍼 오자 다른 형제도 재빠르게 한 수저씩 가져간다. 그때는 왜 그렇게 철딱서니가 없었는지 엄마도 배가 고팠을 텐데 가슴이 아프다. 그때 엄마는 안 먹어도 배부른 줄 알았다. 내가 시집와서 아이를 낳고 철들어 생각하니 늘 배를 곯으셨던 어머니였다.

나를 이 세상에 태어나게 해 준 어머니.
평생 자식을 위해 희생하시고 온전히 받아들이신 어머니.
지혜롭고 똑똑한 어머니는 일도 얼마나 잘하시는지 식당을 하는 나에게 파도 까주시고 마늘도 찧어주며 설거지도 많이 도와주신 어머니가 아니었던가. 살아생전 잘해드려야겠다고 다짐하고 나름대로 최선을 다했다.

아버지가 돌아가신 3년 후, 어머니를 72세부터 93세까지 21년간 모시고 살았다. 딸도 함께 살면 작은 일에 사이가 안 좋아진다고 집 가까이 있는 세경아파트 한 채를 사서 따로 편안히 모시며 수시로 들여다보았다.

막내딸의 아들인 외손주와 함께 살게 해드려 보호자가 생겼으니 마음도 놓였다. 평생 사시면서 하시고 싶은 것, 드시고 싶은 것, 병원에 가는 것, 일가친척 대소사 때 가는 것까지 다 모시고 다녔다.

바깥바람 쐬기를 좋아하는 어머니는 자동차를 타고 멀리 나갔다 오는 것을 제일 좋아하셨다. 집에만 있으려니 답답하셨나 보다. 오는 길에 막국수라도 사드리면 맛있게 드시던 모습이 눈에 선하다.

어머니는 8남매 중 나를 가장 좋아하고 의지하였다. 성품도 온화하고 깔끔하시어 어머니 방과 집은 항상 깨끗하게 해 놓으셨다.

8남매의 자식들과 손주들이 찾아오면 어찌나 좋아하시는지 그 모습이 눈에 선하다. 자식들이 수시로 들여다보지만, 평소에 많이 외로우셨나 보다.

어머니는 성당을 다니셨다. 새벽 일찍 일어나셔서 하느님께 늘 기도하셨다.

"하느님!
내가 죽을 때는 잠잘 때 잠자듯이 조용히 데리고 가주세요"

매일 하시던 기도의 제목이었다. 하느님께서 어머니의 기도를 들어주셨나보다 2014년(음 7월 18일) 93세의 일기로 병원 신세 한번 안 지고 조용히 집에서 운명하셨다.

어머님은 돌아가시는 날 아침밥도 손수 지어 드시고, 밤 10시에 잠들듯 하느님 곁으로 가셨다. 고단한 삶을 사신 우리 어머니가 때때로 그리워지고 보고 싶다. 나에게 만약 다음 생이 있다면 어머니의 딸이 한 번만 더 되고 싶지만, 어머니가 나때문에고생하실까 봐 더 바랄 수가 없다. '엄마' 생각만 하면 자꾸 눈물이 나고는 한다.

2021년 지금까지 어머니가 살아계시면 올해가 꼭 100세가 되는 해이다. 엄마 저 하늘나라에서는 꽃길만 걸으세요.

보고 싶어요. 사랑합니다.

내 별명은 앵애사장이다

나는 연년생으로 태어난 여동생에게 어머니 젖을 빼앗기고 아직 엄마품이 필요할만큼 어린아기였던 나는 친할머니의 빈 젖을 빨고 자랐다고 한다. 어머니는 밥을 지을 때 밥물이 끓기 시작하면 그 밥물을 떠서 먹이곤 하였는데 쌀밥도 아닌 보리밥 밥물이 내게 먹이는 젖 대용 유일한 이유식이었다고 한다.

영양가 없는 이유식에 늘 배가 고팠을게다. 징징대고 앵앵거려 많이 울었다고 해서 붙여진 별명이 앵애사장이다. 어려서 부실하게 먹고 자라서 그런지 늘 기운이 없고 시집가기 전까지는 가련한 몸매였다.

중학교 시험 보러 가는 날이었다. 집안 사정을 보니 부모님께서는 국민학교(현재 초등학교)만 졸업했으면 하는 눈치였다. 하지만 나는 모르는 척하고 중학교 시험장으로 갔다.
시험장으로 향하는 나의 뒷모습을 보고 아버지가

"앵애사장이 시험에서 떨어져야 하는데 큰오빠 남동생을 가르쳐야지 계집애까지 무슨 돈으로 중학교는 무슨 중학교 제발 떨어졌으면 좋겠다."

하고 말씀하셨다는 이야기를 훗날 언니로부터 전해 듣고 많이 서운하기도 했다. 다른 부모들은 철썩 붙으라고 찰떡도 사주고 엿도 사서 먹이는데 우리 부모님은 격려는 못 할망정 시험 보러 가는 딸에게 떨어지라고 고사를 지내니 지금 생각해도 참 많이도 섭섭하기는 하다.
그 시절에는 이집 저집 할 것 없이 모두 가난하여 아들만 가르치고 딸들은 학교에 보낼 생각을 하지 않았던 시절이었다. 우리 아버지 역시 두 아들만 자식이고 6명의 딸에게는 관심조차 없으셨다. 아버지의 바람과 다르게 나는 원주여자중학교에 덜컥 합격하였다. 마음은 뛸듯이 기뻤으나 아버지에게 알릴 용기가 차마

나질 않았다. 어머니에게 합격통지서를 드렸다. 아버지도 전해 들으셨을텐데 모르는 척 냉랭하셨다.

중학교 등록 접수일은 다가오는데 어머니는 입학금을 마련하지 못해서 애만 태우셨다. 아버지에게 독촉을 해본들 해결이 안 되니 친척 집과 동네 아주머니에게 겨우 빚을 내서 입학금을 납부해주셨다. 어머니가 도와주지 않았으면 중학교도 못 갈 뻔하였다. 3년 동안 중학교에 다니면서 기성회비는커녕 월납금도 제때 내지 못했다. 담임선생님은 수업 시간에도 집에 가서 월납 금을 가져오라고 내쫓곤 하셨다.
집으로 가는척 반쯤 가다가 다시 학교로 돌아오곤 하였다. 집에 돈이 없는 걸 뻔히 알고 있는데 차마 월납금 달라는 말을 부모님께 할 수 없었기 때문이다. 그 당시에는 나처럼 형편이 어려워 월납금을 내지 못하는 아이들이 많아 학교도 운영이 어려웠을 것이다.
학교에 와서는 선생님께 거짓말을 했다. 집에 가보니 부모님이 안 계셨다고…. 이런시절이었으니 중학교 때 가던 수학여행은 꿈도

꾸지 못했다.

지금도 친하게 지내고 있는 단짝 친구 ○○○아버지는 ○○○가 고등학교에 가지 않는다는 조건으로 수학여행만큼은 보내주기로 하셨단다. 지금 생각해보니 ○○○네 가정 형편도 어려웠지만, 우리 집보다는 조금 나았나 보다. 수학여행은 다녀왔으니 말이다.

어찌어찌하여 힘들게 중학교를 졸업하고 고등학교에 입학원서를 내었다. 그렇지만 이번에는 아무도 고등학교에 보내줄 것 같지 않았다. 내 편이신 어머니도 형편이 어려워 미안하다고만 하셨다. 눈물을 삼키며 고등학교를 포기하였다. 큰언니가 운영하던 양장점에서 조카를 돌보며 언니 일을 도왔다.

학업에 대한 아쉬움은 훗날 원주방송통신고등학교에 입학하였고, 만학도가 된 나는 학업에 대한 열정을 지금까지 이어가고 있다.

처갓집 주소록

내 나이 22살에, 이모님의 중매로 4살 연상의 공무원 남편을 만나 아들딸 남매를 낳았다. 남부럽지 않은 결혼생활 11년은 알콩달콩 재미있게 살았다.

남편은 일요일이면 아들, 딸과 동네 아이들까지 불러 모아 바둑과 장기를 가르치고, 옛날이야기도 해주는 다정한 아빠이고, 친절한 동네 아저씨였다. 남편은 아내에 대한 사랑도 차고 넘쳤다. 내가 하고 싶어 하는 것은 모두 하도록 해주고, 껌딱지처럼 내 옆에 딱 붙어 있었던 사람이었다.

아내가 예쁘면 처가 말뚝에다 절을 한다는 말이 있는데 남편은 그런 사람이었다. 처갓집에는 처남 둘과 여섯 명의 동서가 있었다. 그중에 남편은 다섯 번째 사위이자 동서였다.

처가를 좋아하는 남편은 처가 일이라면 발 벗고 나서서 솔선수범하고 손윗동서도 잘 모셨다. 싹싹한 성격의 남편은 처가 식구들 비위도 잘 맞추고 집안분위기 조성도 잘하여 처가에 일만 생기면 제일 먼저 달려가는 만능 해결사였다.

친정에서 남편의 인기는 단연 최고였다. 특히 장모님에게는 지극정성으로 더 잘했다. 월급만 타면 처가에 가자고 성화를 하곤 했다. 닭 한 마리와 계란을 사서 한 달에 한 번씩 아이들을 데리고 친정 나들이를 하였다. 갈때마다 장모님 용돈도 함께 드렸다. 그때 공무원이었던 남편의 월급은 37,000원이었다. 그러니 장모님께 드리는 용돈 5,000원은 꽤 큰돈이었다. 남편은 시댁과 친정에 똑같이 해야 한다는 생각을 하고 있었다.

시부모님에게도 순종하며 말 잘 듣는 효자 아들이었다. 친정어머니도 10여 년의 아버지 병 수발을 하느라 사위의 용돈은 귀하고 고맙게 쓰여졌을 것이다. 닭백숙에 이것저것 내놓는 장모님의 사랑을 배불리 먹고 돌아오던 우리 네 식구의 기분은 늘 좋았다.

술을 좋아하신 친정아버지는 당뇨 합병증으로 발이 썩어들어가기 시작하여 자리에 누우셨다. 아무래도 헤어져야 할 시간이 다 가온듯한 예감이 들었다. 남편은 형제들을 불러 모아 만일에 대비하여 돌아가실 때 알릴 친척들의 주소와 지인들의 전화번호를 정리한 주소록을 미리 만들어 놓았다.

그런데 세상에 어쩌면 이런 일이….
청천벽력 같은 일이 생겼다. 나의 친정아버지보다 남편이 먼저 세상을 갑자기 떠난 것이었다. 야간 근무 중 순직을 하였다. 남편이 장인의 장례준비를 위해 만들어 놓은 처가 주소록이 6개월 후 본인의 부고를 알리는 데 사용이 되었다.

아버지는 사위의 명을 이어받았는지 2년 후에 운명하셨다. 또다시 사용하게 된 가슴 아픈 주소록이었다. 가슴이 저리고 하늘이 무너져 내리는 듯 아픈 시절이었다.

남편의 죽음

1986년 음력 7월 9일, 그날은 하늘이 구멍이라도 난 듯 장맛비가 억수로 많이 내렸다.

> "♪새벽종이 울렸네 새 아침이 밝았네
> 너도 나도 일어나 새마을을 가꾸세
> 살기 좋은 내 마을 우리 힘으로 만드세♪"

라디오에서는 새마을운동 노래가 울려 퍼졌다. 박정희 대통령의 주력 사업이었던 새마을운동의 노래였다. 전국의 농촌은 물론 온 마을마다 잘 사는 마을 가꾸기 붐이 일어나 '가난에서 벗어나 잘 살아보세'라는 구호를 외치며 농촌에서는 새마을 운동이 한창이었다.

남편은 원성 군청의 새마을과 소속 공무원이었다. 자동차가 많지 않았던 1970년대이다 보니 버스나 자전거를 이용한 농촌 출장이 잦았고 야간 근무도 많았다. 낮에는 새마을운동 바른 정신교육, 농촌 4H클럽 운영지도, 화투 및 노름 퇴치 계몽으로 농촌 방문이 잦았다. 마을은 점점 밝아지고 잘 사는 마을로 바뀌어갔다.

군청에 복귀하고 저녁에는 퇴근은 커녕 오늘 있었던 일들을 정리하고 내일 해야 할 일 정리하고 계획하는 등 늦은 시간까지 일을 했다. 그 시절에는 컴퓨터도 없었던 시절이었다. 모든 것은 펜글씨로 작성하고 기록으로 남겨야 하니 야간 근무가 잦을 수 밖에 없었다.

책임감이 강하고 꼼꼼했던 남편은 수년간 새마을 업무를 성실히 수행하여 좋은 성과를 거두어 상도 많이 받았다. 일요일에도 쉬지도 못하고 집에서까지 밀린 서류 정리를 하였다. 노란 보자기에 싸 들고 들어오는 서류 보따리가 지금도 눈에 선하다.

장맛비는 그칠 줄 모르고 계속해서 내렸다.

억세게 장맛비가 퍼붓던 어느 날 밤, 야간근무 중 남편은 갑자기 쓰러져 급히 기독병원 응급실로 실려 갔다. 군청에서는 난리가 났다. 동료직원들은 바쁜 시간을 쪼개어 밤, 낮을 교대로 중환자실을 지켜주었다. 요즈음에는 찾아보기 힘든 의리였다.

35년 전 직장 동료 간의 동료애는 대단했었다. 참으로 고마운 일이었다. 그런 의리있는 동료들을 남겨두고 남편은 쓰러진 지 6일 만에 우리 세 식구를 남겨둔 채 영원히 돌아오지 못할 머나먼 길을 떠나 버렸다. 그때 남편의 나이는 37살, 아들은 10살, 딸은 8살, 내 나이 33살이었다.

하늘도 슬펐는지 장삿날, 삼우제, 49재 장맛비는 하염없이 내렸다.

미용실
견습공이 되다

남편의 죽음은 내 온몸의 기력을 다 빼앗아 가 버렸다. 주변 사람들은 멀리하고 집에서 누워 지내는 날이 많아지고 모든것이 귀찮았다. 창밖으로 보이는 사람들은 아무 일도 없다는 듯 웃고 떠들며 활기찬 발걸음으로 분주하게 다니고 있었다. 자동차는 연실 붕붕거리며 잘도 굴러다니고 있었다.

내 마음은 이리도 아리고 슬픈데, 이 세상은 변한 것이 하나도 없었다. 남편의 죽음과 나의 슬픔은 이 세상에서는 아무런 의미가 없었다. 오직 나만 혼자 버려진듯 슬퍼하고 있는 것이었다.

책가방을 메고 학교에가는 아이들이 대문 밖을 나설 때마다 가슴이 미어졌다. 이제는 아버지가 없는 아이들이라 생각하니 불쌍하고 기가 막혀 눈물이 하염없이 났다. 우리 아이들은 고작 국민

학교 1학년과 3학년이었다.

앞으로 나 혼자 저 어린애들을 어떻게 데리고 살아야 하나 생각하니 눈앞이 깜깜하였다. 나는 돈도 직업도 없었다. 남편의 월급으로 알뜰살뜰 주부로 살았던 것이 나의 전부였다.

그러던 어느 날

"엄마 학교에 다녀오겠습니다."

아침마다 들던 아이들의 목소리가 그날따라 유난히 특별하게 들렸다. 대문을 나서는 아이들의 뒷모습을 보는 순간 정신이 번쩍 들었다.

아! 그렇구나.

너희들은 이미 아버지 복이 없구나! 아버지 복이 없으니 아버지가 일찍 돌아가신 것이 아닌가! 이것은 너희들과 나의 운명이다. 아버지 복이 없으면 어머니 복이라도 있어야 되는게 아닌가 마음에 결심하였다. 언제까지 이렇게 누워만 있어서는 안 되었다. 복잡한 머릿속 생각들을 하나하나 정리하기 시작하였다.

남편의 49재가 지나고 50일째 되는 날, 미용학원에 등록하였다. 머리카락은 매일 자라나기 때문에 손님들이 계속 올 테니 우리 세 식구 먹고사는 데는 문제가 없을 것 같았다. 1년 동안 미용학원에서 기술을 익혀 미용사 면허증을 취득하였다. 동네 미용실에 견습공으로 취직을 하여 원장님께 잘 보이려고 열심히 일하고 미용기술도 틈나는 대로 배웠다.

어린아이들은 방과 후 손을 잡고 미용실로 자주 찾아왔다.

"오빠, 엄마 보러 미장원에 가자."

딸이 오빠를 졸라서 함께 오고는 하였다. 손님이 앉아야 할 의자에 두 녀석이 떡하니 자리 차지하고 앉아 있으니 원장님 눈치가 보여서 집에 가서 놀라고 돌려보냈다. 아이들이 가지 않으려고 떼쓰는 딸아이 손에 돈 200원을 쥐어주면서 아이스크림을 사 먹고 집에 가라며 달래서 보내고는 하였다.

집으로 돌아가는 아이들 뒷모습이 측은하고 불쌍해서 속으로 많이 울었다. 엄마의 손길이 필요한 어린 나이임에도 불구하고 집에서 엄마가 일을 끝나고 올때까지 저희끼리 지내니 크고 작은 사고도 자주 났다.

숨바꼭질하다가 장독대 밑으로 떨어져서 다치고, 엎어지고 넘어져서 살가죽이 벗겨지는 상처도 생겼다. 라면을 삶아 먹는다고 손까지 데이기 하고 화재 위험성도 걱정이 되었다. 일하면서도 아이들 생각에 불안한 마음은 늘 집에 가 있었다.

어느 날 이런 우리를 안타깝게 생각하시던 시아버님께서 집으로 찾아오셨다.

"네가 돈을 버는 것도 중요하지만 아이들의 장래가 더 중요하다. 돈만 벌려고 밖으로 나다니면 집안일에 소홀해져 아이들 장래가 걱정이다. 뒷바라지를 잘해서 잘 키워 놓아야 너의 노후도 편안할게다. 지금은 아이들이 너무 어리니 조금 더 클 때까지라도 미용 일을 접었으면 하는 게 내 마음이다."

진심으로 내게 청을 하는 것 같았으나 명령조에 가까운 말씀이셨다. 시아버님은 현명하시고 학식이 많으신 분이었다. 가정교

육도 엄하셔서 시댁 식구들은 아버님 말씀이라면 무조건 순종하였다. 자식들도 효자 노릇을 단단히 하였다. 아버님 말씀을 거역할 수가 없어서 그동안 공을 들였던 미용 일을 2년 만에 접게 되었다. 지금까지 내가 바르게 살아온 것도 아버님으로부터 배운 인생철학의 깨달음이 있었기 때문이다.

아버님은 내 인생의 스승이셨고 멘토셨다. 게다가 2년간 미용 일을 하며 익힌 미용기술 덕분에 내 머리는 내가 직접 손질하고 있다.

구들장
식당의 탄생

세월이 지나 아이들이 커서 중·고등학교에 진학하니 큰돈이 쑥쑥 들어갔다. 3년 후에는 대학 진학도 해야 했다. 그나마 다행인 것은 남편의 순직으로 국가보훈처에서 학비 전액을 지원해 주어 학비 부담을 덜게 되어 한시름을 놓았다.

그러나 학비 이외에 생각보다 들어가는 돈이 많아 걱정이 되었다. 과연 무슨 일을 해야 돈을 많이 벌 수 있을까? 큰 재주가 없었던 나는 '추어탕을 만들어 팔아볼까?' '갈비를 재워 갈빗집을 해볼까?' '아니야 칼국수 집이야' 생각은 여러 가지였지만 추어탕은 기술면에서 자신이 없었고, 갈빗집은 숯불 피우는 사람을 별도로 두어야 하니 인건비가 걱정이었고 칼국수는 많이 판다고 해도 아이들을 뒷바라지할 수 있을 칸큼의 매출이 크게 오를 것 같지가 않았다.

친정 큰 언니와 여러 음식점을 다녀보며 다양한 종류의 음식을 맛보면서 시장조사에 나섰다.

시장조사 이후, 언니와 나는 삼겹살이 제일 좋겠다고 결론을 내렸다. 삼겹살은 전문적인 요리 솜씨가 없어도 정육점에서 좋은 고기를 사다가 팔기만 하면 간단하고 쉽게 시작할 수 있을것 같았다.

특히 한국 사람들은 거의 누구나 삼겹살을 좋아하지 않는가? 이런 생각에 용기를 내어 드디어 1994년 봄, 내 나이 42살에 식당의 식자도 몰랐던 나는 인동에 '구들장'이라는 삼겹살집 간판을 무작정 걸었다. 나름대로 전략을 세우기도 하였다. 맛있는 삼겹살을 먹으려면 고기도 중요하지만, 구이판도 중요하다. 상호에서 짐작할 수 있듯이 검은색 평평한 구들장 돌을 가열하여 일정한 온도에 오르면 구들장은 그 온도가 유지되는 특성이 있어 삼겹살이 맛있게 구워졌다.

생각은 간단해서 쉬울 것 같았으나 겁도 없이 시작해보니 현실은 그리 만만치 않았다. 돌판이 무거워 그대로 들고 다니기에 힘도 들었지만 잘 깨지기도 하고 금이 가고 연기도 많이 올라왔다. 구들장 길들이기에 온갖 정성을 쏟았다.

소금물에 돼지기름을 많이 넣고 3~4시간 이상 삶은 다음에 열처리가 된 구들장을 몇 개월 두었다가 다시 삶아 사용하니 조금 덜 깨졌다. 그러나 돌은 특성상 깨지게 되어있어 수시로 돌을 바꾸니 자본금이 많이 들어가서 남는 이익금이 적었다. 그래도 나는 돌판을 고집하였다. 삼겹살 구이는 돌판에서 최고의 맛을 내주기 때문이다. 잘 길들여진 구들장을 손님이 오기 30분 전에 미리 달구어 놓았다. 돌은 늦게 달구어지기 때문에 성질 급한 손님은 고기가 익지 않는다고 성화를 부리기 때문이다.

정성을 듬뿍 들인 돌판 위에 어찌 성도 없고 이름도 없는 삼겹살을 올려놓을 수 있겠나 싶은 생각에 이천의 농장에서 방목하여 키운 1등급 생고기를 매일 공급받으며 당일 전량을 판매했다. 눈으로 봐도 신선하고 깨끗한 삼겹살을 구들장 위에 올려놓으면 자글자글 기름 소리와 함께 기름이 쭉 빠지면서 수분은 적절히 유지되어 촉촉하고 고소한 맛을 낸다.

돼지기름에 살짝 구운 신 김치로 삼겹살을 싸서 먹으면 손님들은 최고, 최고라며 칭찬도 많이 해 주셨다. 테이블 수가 고작 11개의 작은 음식점이었지만 소문이 나기 시작하면서 밖에서 줄을 서서 기다리는 진풍경도 이어졌다.

추억의 옛날 도시락
'벤또'

장사를 하다 보니 잘 되는 날이 있는가 하면 안 되는 날도 허다하게 많았다. 밥을 넉넉히 해 놓으면 손님이 없고 찬밥으로 남을까 봐 조금 하면 그날따라 웬 손님은 그리도 들이닥치는지 종잡을 수가 없었다.

그날 팔지 못한 밥은 늘 찬밥으로 남았다. 저 찬밥을 어떻게 처리하면 좋을까? 버릴 수도 없고 손님에게는 더더욱 내어 줄 수도 없으니 찬밥 없애기에 여간 신경이 쓰이는 게 아니었다. 찬밥을 주인이 쪄서 먹는 것도 한계가 있었다. 이런 생각 저런 생각에 잠을 이루지 못하는 날이 많았다.

하루는 친정 남동생이 옛날 벤또가 먹고 싶다고 벤또를 만들어 팔아보라고 한 적이 있었다.

"아~ 그래, 바로 그거지."

겨울이면 교실 난로 위에 수북이 쌓아 올려놓았던 벤또! 그 시절의 양철 도시락을 구해 신 김치를 깔고 그 위에 볶은 콩나물과 채나물을 넣어 집에서 직접 짠 국산 들기름을 듬뿍 넣는다. 고추장과 함께 찬밥을 담아 약한 불에 10분 정도 올려놓으면 맛있는 냄새와 함께 찬밥은 따뜻한 밥이 되어 김이 모락모락 올라온다. 뚜껑을 열고 비벼 먹어도 좋지만, 상하좌우로 흔들어서 먹으면 학창 시절의 추억도 한 수저 더 넣게 되는 옛날 도시락 벤또가 되었다. 추억의 도시락은 팔기 시작하자마자 인기를 끌며 대박을 터트렸다.

한국 사람 입맛에 딱 맞는 음식이었다. 삼겹살을 먹은 후 입가심으로 도시락을 시키니 우리는 찬밥을 없애면서 돈도 벌고 매출도 올려 일석이조라 기분이 좋았다. 손님들은 학창 시절 이야기로 꽃을 피우고 추억의 도시락은 매출 효자가 되었다.

개업 후 몇 달 동안 밥양을 조절하지 못해 새 밥이 모자라면 찬밥으로 추억의 도시락을 만들어 팔았지만, 지금은 노하우가 생겨 밥을 요령껏 해서 남은 찬밥은 없고 고슬고슬한 새 밥을 도시락에 담는다.

밝고 명랑한 성격의 나는 운이 좋아서인지 인덕이 많아서인지 우리 음식점에 한 번 다녀간 사람들은 모두가 단골이 되었다. 단골에서 끝나는 것이 아니라 동창, 가족 친지들, 친목계 모임까지 다 몰아서 오니 손님은 배로 늘어나 장사는 제법 잘 되었다.

추억의 도시락을 하루에 70~80개 정도 팔았으니 삼겹살을 먹으러 오는 것이 아니라 추억의 옛날 도시락을 먹기 위해 온다는 말도 빈말은 아닌듯싶었다.

애~앵
애~앵

저녁 7시 소방차 소리가 요란하게 시끄러웠다.

"에구 어디에서 또 불이 났나? 불조심을 해야지"

혼잣말로 중얼거리며 하던 일을 계속하고 있었다.

"어! 그런데 이상하네?"

소방차 소리가 우리 가게를 향해서 점점 더 크게 들려오는 것이 아닌가 예감이 심상치 않았다. 깜짝 놀라 밖을 내다보았더니 길가 도로에는 소방차와 불구경 나온 사람, 그들을 통제하고 있는 경찰관이 뒤엉켜 아수라장이었다.

에구머니나, 우리 건물에 불이 난 것이었다. 불이 난 것도 모르고 지금까지 장사 하고 있었다니, 가슴이 후당당 거리고 정신이 없었다.

5대의 소방차에서 쏘아대는 물줄기를 피해서 침착하게 손님들을 밖으로 내보내고 우리도 재빨리 구들장 식당을 빠져나왔다. 2층에 세 들어 있던 축산신문사에서 원인 모를 불이 난 것이었다. 장사가 꾸준히 잘되어 재미있게 돈을 벌고 있었던 6년째 되는 봄날 저녁이었다.

한 건물에 다닥다닥 붙어있던 6개의 점포 주인들은 갑자기 당한 불 난리에 우왕좌왕 정신이 없었다. 졸지에 밖으로 나앉게 생겼으니 손해가 이만저만이 아니었다. 하루 벌어 하루 먹는 서민들의 생활 터전이었기에 그 비참함은 이루 말할 수가 없었다.

게다가 세입자들은 없이 살다 보니 화재보험 하나 변변히 들지 못하여 고스란히 손해를 보아야만 했다. 다행히 나는 흥국생명에 화재보험이 들어 있었던 것이었다. 생각만 해도 든든하고 다행이다 싶은 마음에 뛰는 가슴이 진정되었다. 그러나 후일 보험금 청구를 하려니 '지급 불가'라고 하였다. 화재 보상금은 내 가게에 불이 붙거나 불이 나야지만 보상 지급이 된다고 하였다.

우리 가게의 경우 점포에 불이 붙지 않았고 화재진압을 위해 쏘았던 소방차 물로 2차 피해를 입어 장사는 못하게 되었으나 직접적인 화재가 아니어서 보상이 안 된다고 하여 보상을 받지 못하게 되었다.

아니 화재보험을 들으라고 수시로 쫓아다닐 때는 언제고 화재로 인해 손해를 이렇게 보았는데도 조금도 보상을 못하겠다니, 내 상식으로 이해가 안 되었다. 내일부터 당장 장사를 못하게 생겼으니 남는 건 시간뿐이었다. 보험회사를 상대로 이의 제기를 하였다.

"당신네 회사는 화재가 아니라지만,
나는 엄연한 화재 피해자니 무조건 보상하라"

빠른 사건 해결은 무식이 최고라고 모르는 척 무식하게 막 나갔다. 귀찮아서라도 빨리 해결해 줄것이라고 우습게도 생각했다. 처음에는 보상을 못 해주겠다고 나오더니 내가 워낙에 강하게

요구하여 지점장 전체회의를 거쳐 220만 원을 보상받았다.

2차 피해를 본 전기, 장판과 도배 등을 수리해서 복귀하라는 명분으로 나온 보상금이었다. 그때 항의하지 않았더라면 이 돈은 나에게 돌아오지 않았을 것이다. 수리해서 장사하기에는 건물이 너무 낡아서 할 수가 없었다. 게다가 화재로 인한 건물 철거로 어쩔 수 없이 인동의 구들장 식당의 1막은 끝났다.

구들장의 2막은 명륜1동에서 새로이 탄생하였다.

이불 빨래를 햇볕에 말리기 위해 2층 옥상에 올라가 보면 늘 눈에 들어오던 뒷집이 있었다. 할머니 혼자 사시는 낡은 단층 목재 집이었다. 저 집이 내 집이었으면 참 좋겠다고 10년 이상을 볼때마다 생각하였다. 할머니가 팔기만 한다면, 게다가 내가 살 수만 있다면 얼마나 좋을까.

혼자 10여 년을 그 뒷집을 내려다보면서 꿈을 꾸며 꾸준히 저축하였다. 우리 집은 남부시장 부근 6차선 대로 변에 있었고 내가 사고 싶어 하는 집은 바로 뒷집이니 구들장을 옮겨와도 좋을 만큼의 충분한 가치가 있다고 판단되었다.

3년 전부터 동네 부동산에 부탁하여 매매할 기미가 보이면 연락해 달라고 연줄을 놓은 집이었다.

어느 날 밤, 이 집도 원인 모를 불이 일어났다. 낡은 목재 집이라 후루룩후루룩 나무 타는 소리가 나더니 1시간도 안 되어 완전 전소가 되었다. 우리 집도 피해를 보아 뒤 창문 유리창도 다 깨지고 창틀에 불이 붙어 하마터면 큰 화재로 이어질 뻔하였다.

"아이고 어떡해 우리 집이 없어졌으니 나는 어쩌면 좋아"

할머니는 그러지 않아도 어려운 살림에 더욱더 어려운 생활을 하게 되었다. 할머니네 집에서 발생한 불이 우리 집까지 번져 손해를 입혔으니 할머니는 나에게 미안해하셨다.

"할머니 걱정하지 마세요. 보험회사에 화재보험이 들어 있으니 그 보상금으로 우리 집은 내가 고칠게요. 마음을 편히 가지세요."

하고 위로를 하였다.

화재 이후 할머니는 전소된 빈 집터를 싸게 임대하였다. 세입자는 집을 대충 지어 묵밥 집을 개업하였으나 2년도 못 되어 순대국밥집으로 주인이 바뀌었다.

순댓국집도 장사가 안되었는지 가게를 비우는 날이 허다하고 집세도 못 내는 상황이 되었다. 불난 집에서 장사하면 불같이 일어난다는 말도 헛말인가 보다. 어찌 되었든 이 두 집은 이 터하고는 인연이 아니었던 것 같다.

드디어 할머니가 집을 파신다고 부동산에서 연락이 왔다. 10년을 한결 같이 꿈꾸고 있었던 일이 이루어지는 날이었다. 나는 지금까지 세를 얻어 장사하고 있었지만, 이제는 내 집에서 마음대로 장사를 하게 되었으니 너무나 감사하였다. 이제는 내가 뒷집의 주인이 되었다.

순댓국집 계약 만기가 아직도 6개월이 남았으니 기다렸다가 내보내고 내년쯤에 구들장 건물을 잘 지어서 천천히 이전해야겠다고 느긋하게 마음먹고 있었다. 그렇지만 인동 구들장의 화재 피해로 인동에서는 장사를 못 하게 생겼으니 기다리고자 했던 계획을 변경해야 했다.

순댓국집을 찾아가 사정 이야기를 하였더니 의외로 반기는 것이 아닌가. 그도 그럴 것이 순댓국집은 장사가 안되어 보증금에서 집세를 대납하던 중이니 반길 만도 한 상황이었다.

열흘 만에 집을 비워주어 곧바로 철거에 들어가 집을 새로 짓기 시작하였다. 여자 혼자 처음으로 집을 지으려니 힘이 들고 어려운 점도 많았다. 내 마음 같지 않아 인부들이 제때 일하러 오지도 않았다.

겉으로는 사장님 사장님 하면서 속으로는 여자 알기를 우습게 아는 듯했다. 여자가 건축에 대하여 무엇을 알겠는가? 속을 많이도 태웠다.

어떤 자재를 써야 튼튼하고 비가 새지 않게 잘 지어지는지 도통 몰랐던 나는 오로지 건축업자에게 의지하고 맡겨야만 하였다. 돈은 달라고 할 때마다 꼬박 꼬박 잘 주었다. 돈만 잘 주면 집이 착착 잘 지어질 것 같았다.

그러나 절대로 그렇지가 않았다. 돈만 챙기고는 세월아 네월아 느긋하기만 하였다. 집을 짓거나 수리할 때는 최대한 돈을 늦게 지급하여야 한다더니. 돈을 받기 위해서라도 일을 빠르게 하려

온다는 사실을 집을 지으면서 깨닫게 되었다.

2001년 봄에 불이 나고, 그해 가을 두 배로 확장된 집에서 구들장 식당 제2막이 탄생하였다.

구들장,
제2막을 열다

2001년 가을, 드디어 구들장의 제2막을 알리는 오픈 날이다. 여자의 몸으로 억센 남자 건축가들을 상대하며 집을 짓는 동안 몸도 마음도 지칠대로 지쳤다. 친목계와 주위 몇몇 사람에게만 알리고 조용하게 구들장 제2막의 문을 열었다. 그래도 개업 날이라 현관 앞에는 꽃 화분과 축하 화환이 화려하게 늘어졌다. 재 오픈 일을 알아차린 주위 사람들이 많이 찾아와 깜짝 놀랐다. 지인도 아닌 생소한 사람들이 이렇게 많이 올 줄은 상상도 못 하였다. 오픈하기 열흘 전에 구들장 '생삼겹 전문점' 간판을 도로변 내 집 앞 건물에 걸어 놓았더니 그사이 홍보와 선전이 되어 이 동네 사람들은 오픈 날만 기다리고 있었던 것이었다.

손님들은 구름떼처럼 모여들어 항상 북적였다. 장사는 인동에서 할 때보다 2~3배 더 잘되었다. 아무래도 화재로 전소되었던 터라서 였을까? 나하고는 찰떡궁합으로 운이 맞았나 보다.

6년 동안이나 장사를 하던 경험이 있어서 충분한 준비를 하였음에도 불구하고 밀리는 손님들이 주문한 음식이 제때 나가지 못하여 실수도 많이 하였다. 일손이 부족한 것을 보던 손님은 스스로 물과 컵, 수저도 가져다 놓고 자기네 상은 자기가 차려 먹기도 하였다.

하루는 어느 손님이 나에게 말을 하였다.

"사장님 벤또(옛날 : 추억의 양은 도시락)를 주문한지 30분이 지났는데요. 아무리 기다려도 나오지 않아 화장실도 다녀오고 담배를 한 대 피우고 와도 나오지 않으니 나는 그냥 가야 하나요? 있어야 하나요?"

주방에서는 최선을 다해서 움직였지만, 목을 빼고 기다리는 사람은 얼마나 지루하였을까? 손님과 나는 서로 쳐다보다가 할 말이 없어서 웃음으로 답을 했던 기억이 지금도 잊히지 않는다.

그날 손님이 먹고 간 추억의 도시락 값 3,000원은 죄송한 마음에 서비스로 주었다.

장사는 날이 갈수록 점점 잘되어 손님이 기다리는 줄은 길게 늘어졌다. 가게 앞에 앉아 자리 날 때만을 기다리는 진풍경이 이어지면서 손님들은 이렇게 말했다.

"사장님 고맙습니다. 우리 동네에 이런 맛있는 음식점이 생기다니요. 정말 고맙습니다."

내가 해야 할 인사말을 손님들이 먼저 해주니 너무나 고마웠다. 그도 그럴 것이 남부시장 부근에는 4개의 은행, 2개의 보험회사, 원주여고와 기아자동차 등 학원과 사무실이 많은 반면에 큰 음식점은 별로 없었기에 구들장의 인기는 폭발적이었다.

더군다나 한국 사람들이 즐겨 찾는 삼겹살 전문점이라 모두 좋아하였다. 장사는 날이 갈수록 더 잘 되었다.

스산한 가을 퇴근길, 삼겹살에 소주 한잔으로 출출한 속을 채우고 얼큰하게 취기로 달래며 집으로 돌아가는 손님의 뒷모습이 좋아 보일때 내 마음은 흐뭇하였다.

자그마한 체구를 가진 작은 여자인 나는 음식점으로 성공하였다. 아이들은 믿어준 만큼 잘 성장하여 딸은 대기업에, 아들은 자기 일은 묵묵히 잘한다고 동료 선배들의 칭찬이 자자한 유능한 시청 공무원이 되었다.

이제는 장사도 잘되고 돈은 계속해서 벌게 될 것이다. 돈이 없고 어려울 때 아이들 학비를 나라에서 대신 내어주었던 것에 감사함을 잊지않고 살았다. 내가 받은 만큼은 모두 보답하지 못하지만 이 사회에 어려운 이들에게 되돌려주기 위하여 틈틈이 봉사활동하려고 바삐 움직였다.

먼저 가장 가까이에서 피붙이 같이 생각하는 우리 구들장 직원부터 챙기기 시작하였다. 나의 오른팔과 같았던 직원의 아들 대학 등록금을 내주기도 하였다. 이런 일도 있었다. 매번 가불을 하는 직원에게는 월급을 주고 특별 상여금으로 더 많은 돈을 주어 가불을 안해도 되게 하고자 하였으나 몇 개월 후 다시 가불은 이어졌다.

하루는 직원을 불러

"너는 도대체 얼마가 있으면 가불을 안 할 것 같니?"
"100만 원만 있으면 형편이 나아질 것 같아요"

나는 그 자리에서 바로 두말없이 은행에 가서 100만 원을 찾아 주면서

"너는 이 돈을 갚지 않아도 된다. 그 대신 일을 열심히 해주길 바란다"

직원은 정말 고마워하며 구들장에 충성이라도 하듯이 내일처럼 열심히 일하였다. 한 달 내내 고생을 하여 월급이라도 제대로 가져가는 즐거움이 있어야 일할 재미도 있을 텐데 가불을 자주 하니 월급날 몇 푼 못 가져가서 안타까웠던 마음에 도움을 주고 싶었다.
직원은 신랑이 몸이 좋지 않아 돈을 못 버니 혼자 벌어 아이들 학비에 생활비까지 책임을 져야 했으니 돈은 늘 모자랄수 밖에 없었기 때문이 었다.

남편의 암 투병으로 고생하는 직원에게는 위로금으로 100만 원을 주었다. 이 모든 것은 도움을 받는 직원과 나만의 비밀로 하였다. 7명의 직원중에 혹여 다치거나 사고 날 때를 대비하여 삼성화재에 단체보험을 들어 나름대로 복지혜택도 주었다. 직원들이 일하다 다치거나 퇴근 후 교통사고가 나고 넘어져 다쳤을 때 보험금을 청구하여 직원이 수령할 수 있게 하였다. 어려운 상황에 처할 뻔했던 직원이 경제적으로 많은 도움을 받지 않을까 생각하였다. 보험료는 내가 내주고 혜택은 직원들이 받으니 다들 고마워하였다.

인근 교회에서 보내온 소장

구들장 앞은 심한 오르막 골목길 도로이다. 평행으로 지어진 구들장 정문 출입구는 심한 경사로 인하여 사람들이 드나들기에는 표고 차가 심하여 철제 계단을 야트막하게 만들어서 진·출입을 하였다. 현관문을 열면 바로 직각 계단으로 만들어져 발이 내딛는 폭이 넉넉지 않아 자칫하면 발목을 다치고 넘어질까 위험해서 두발 정도 여유 있게 만들다 보니 교회 소유의 땅인 도로 쪽으로 철제계단 2개 정도가 넘어서 설치되었다.

골목길 양옆으로 주택들이 많아 사람들이 수십 년간 도로로 사용하고 있어 교회 소유의 땅인 것은 알고 있었지만, 원주시에서 도로포장을 하고 자동차도 다니니 나 역시 마음 편하게 사용해 왔다.

이 도로의 일부는 교회 땅으로 구들장 건물과는 토지 경계선에 사실상 맞닿아 있어 교회의 땅인 도로를 밟아야만 구들장으로 들어갈 수가 있었다.

교회 땅이라는 이유로 구들장 바로 앞에 40인승 버스를 항시 주차하여 현관문을 막고 있어 답답했지만 참고 장사를 하였다. 버스 앞에는 1대의 주차공간이 있어 손님들이 주차를 자주 하였다. 평일에는 버스가 늘 주차하고 있어 큰 문제는 없었으나 수요일 저녁과 일요일 아침저녁으로 신도들을 태우기 위해 잠시 비우고는 또다시 주차하니 일요일과 수요일은 신경을 바짝 써야 했다. 조금만 방심하여 주차되어 있으면 버스가 제때 출발하지 못하니 기사 아저씨는 현관문을 벌컥 열고 차 빼라고 소리소리 지른다. 그래서 가끔 버스 아저씨와 싫은 소리를 하였다.

"아! 주인이 돼가지고 주차 관리도 안 하고 장사만 하고 있느냐 이 차 당장 빼라고 해요."

그러지 않아도 교회 땅이라고 주장을 하여 큰소리를 치니 약자인 나는 늘 기가 죽고 죄인이 되는 기분이었다.

"죄송합니다. 빨리 빼 드릴게요."

차 주인을 찾는 데만 2~3분이 걸리니 기사 아저씨는 짜증이 나고 힘든 건 나도 마찬가지였다. 화장실에 가 있는 사람, 담배 피우러 나간 사람, 떠들고 있어서 못 들은 사람, 찾아도 찾아도 없으니 없다고 하면 다 늦게 화장실에서 나오는 사람, 시끄러워서 차 넘버를 못 들었다고 하니 교회는 늘 구들장을 못마땅해하고 귀찮아했다. 시간이 지날수록 손님은 왜 그리도 많아지는지, 많아지면 많아질수록 교회와 손님 간에 부딪히는 일도 자주 있어 교회와 나는 사이가 점점 안 좋아졌다.
내 마음도 편치 않아 교회와 친해지고 싶은 마음에 2002년 5월 첫째 주 일요일, 그 교회 집사인 우리 주방장을 따라 아들과 함께 교회를 나갔다.
아들과 나는 교회에 등록하여 이름과 주소를 써 주었고 담당 교인은 목사님께 전달하였다.

목사님의 첫 설교 말씀은

"수고하고 짐 진 자들아 다 내게로 오라, 내가 너희를 편히 쉬게 하리라"

꼭 나를 두고 하는 말 같아서 마음이 편안해져 교회와 곧 친해질 것 같았다. 그러나 목사님은 새 신자인 우리를 전체 교인들에게 인사소개도 하지 않은 채 예배를 끝마쳤다.
2주, 3주 계속해서 교회에 나가 예배를 보았으나 역시 마찬가지였다. 소개도 안 하고 속회 배속도 안 해주는걸 볼 때 교회는 우리 모자를 교인으로 받아줄 마음이 없었던 것이었다. 그렇지만 우리는 주일마다 교회에 나갔다.
교회를 나간 지 5주가 지난 어느 날, ○○○법률사무소 사무장이 찾아오셨다. 인품이 좋으시고 잘생긴 사무장은 구들장 단골손님이었다.

"사장님이 놀라실까 봐 제가 미리 찾아왔습니다. 모레쯤 교회에서 보낸 소장이 법원에서 올 겁니다. 너무 걱정하지 마시고 잘 대처하십시오."

내가 놀랄까 봐 미리 알려주려고 오셨다고 하였다. '아니? 사무장님은 나하고는 반대편이 아닌가? 교회 편에 서서 법으로 싸워 이겨야 할 분이 내가 얼마나 불쌍하고 안타까웠으면 일부러 찾아오셨나' 하는 마음에 눈물이 핑 돌았다. 지금은 고인이 되셨지만, 그때 그 사무장님의 고운 마음을 잊을 수가 없다.

2002년 6월 10일, 드디어 법원에서 소장을 보내왔다. 새 건물을 짓고 구들장을 재오픈한 지 꼭 9개월 만이다. 소장은 이러하였다.

> 피고인 박경애는 원고인 교회 땅을 함부로 사용하여 마치 자신의 토지인 양 사용하고 있으며, 교회 측 부지에 불법 설치한 철제계단 및 그 토지를 교회 측에 인도하고 선상의 출입구를 사용해서는 안 된다.

토지 경계선과 사실상 맞닿아 있어 출입구를 계속 사용하는 한 불가피하게 교회 땅을 이용할 수밖에 없으니 현재의 주 출입구를 사용해서는 안 된다 라는 내용이었다.

하루 벌어 하루 먹는 서민의 삶을 모르지 않을 교회에서 소유권만을 주장하여 사람과 차량이 다니는 도로를 이용해서 쓰는 출입구를 사용하지 말라니 야속하였다.

나에게는 생계수단인 영업 포기를 초래해야 할 대형 사건이었다. 만약에 내가 영업을 할 수 없는 상황에 이른다면 회복할 수 없는 피해는 이루 말할 것도 없고 7명에 이르는 종업원들조차 생계의 수단을 잃게 되는 결과가 되는 것이었다.

소장을 받았으니 더 이상 교회에 나갈 수가 없었다. 교회는 변호사를 사서 이 일을 진행하겠지만 나는 어떻게 해야 하나 변호사를 선임하려면 최소 300만 원 이상 들여야 하는데 집을 짓느라 은행 대출도 받았으니 빚에 빚을 더 내야 하는 속상한 마음에 교회가 야속하고 원망스러웠다.

내 주위의 지인들은 나에게 위로의 말과 함께 자문을 주었다.

"사장님, 사장님은 변호사를 절대로 사지 마세요. 변호사를 선임해도 돈만 없애지 이 앞 도로는 그 누구도 막지 못합니다. 대한민국에서 이런 길을 막는 법은 없습니다."

법원에서 준비서면이 오면 찬찬히 이 도로의 환경을 잘 설명하여 답변서만 잘 써서 보내라고 단단히 일러주었다.
나는 이 말에 일리가 있다고 판단하여 준비서면이 오면 답변서를 써서 법원에 몇 차례 보냈다. 법원에 자주 드나드는 것을 본 동네 사람들은 교회와 구들장의 분쟁에 큰 관심을 가졌다.
동장님을 비롯하여 동네의 개발위원, 체육회, 바르게살기, 통장협의회 단체장님들이 나서서 교회를 여러 차례 찾아가 화해하기를 청하였다.

"큰 집에서 작은 집을 끌어안아 주십시오. 장사를 한 지 몇 개월밖에 되지 않았습니까? 너무나 안타까운 일입니다. 교회에서 사랑을 베푸시어 장사를 할 수 있게 도와주십시오. 꼭 부탁드립니다."

간곡히 청하여 보았으나 소용이 없었다.
80세가 훨씬 넘으신 시아버님도 교회를 찾아가

"젊어서 혼자된 며느리가 손주들을 데리고 먹고살아야 하니 불쌍한 손주들을 봐서라도 한 번만 배려해서 도와달라"

고 간절히 청하였다. 담당 장로님은

"아~ 그러시군요. 걱정이 많이 되시지요"

인자한 말로 해결이 되는 듯하였지만, 해결점은 보이지 않았다.
이참에 귀찮은 것들을 법으로 해결하고자 하는 교회에서는 도로를 팔으라고 하여도 팔지 않고 도로 사용료를 받으라고 하여도 싫다고 하였다.
이 소문은 돌고 돌아 다른 교회 목사님 세 분도 나에게 도움이 될까 하고 찾아오셨으나 이 도로의 상황과 교회를 보고는 위로의 말씀만 주고 가셨다.

이런저런 방법을 동원하여 교회와 합의점을 찾으려 하였으나 합의가 되지 않아 결국에는 판사님의 판결을 받을 수밖에 없었다. 판사님은 법원에 앉아서 판결만 하는 것이 아니라 출장도 나와 세심한 현장검증을 통해 그 누구도 억울하지 않은 정의로운 판결을 한다는 사실을 이번 소송사건을 통하여 알게 되었다.

> **판 결**
>
> 피고인 박경애는 원고인 교회에게 출입문 앞에 설치한 철제 계단 2㎡를 철거하고 그 부지를 인도하라.
>
> 2003년 3월 11일
>
> 판사 ○○○

소장을 받은 지 꼭 9개월 만에 받은 판결문이다. 참으로 다행이다. 철제계단만 뜯어주면 된다니 만약에 정문 금지로 이어졌다면 나는 어떻게 되었을까?

지금까지 투자한 2억이라는 돈은 어디 가서 찾을 것이며, 은행 대출 빚은 또 어떻게 갚아야 할지, 소송 기간 동안 잠을 제대로 못 잔 나는 안도의 한숨을 내 쉬었다.

일주일 후 철제계단을 철거하여 교회에 인도하였다. 예전대로 영업은 계속하게 되었다. 교회는 계단철거가 목적이 아니라 출입구 정문 사용금지를 목적으로 하는 소송이었다. 그러나 교회 뜻대로 되지는 않았다. 젊으신 판사님의 지혜로운 판결로 판사님께 평생에 잊을 수 없는 은혜를 입었다.

새 계단을 다시 만들어 정상적인 영업을 해온 지 한 달쯤 되었을까? 교회는 계단 앞 출입구에서 넓이 50cm를 띄우고 내 키와 비슷한 1m 50cm 높이로 녹색 펜스 담을 도로 밑으로 10여 m 내려치기 시작하였다. 담장 치는 그날, 너무도 서러워 울면서 교회 인부와 나는 몸싸움에 실랑이가 벌어졌다.

"사람들이 들어오고 나가야 하니 사람 다닐 만큼 두고 내려치라"

라고 소리쳤다.

담장 치는 사람은 굳이 법적 50cm 띄움을 고집하여 펜스 담은 몸싸움 속에 강제로 설치가 되었다. 녹색으로 길게 내려친 담장을 보고 있자니 속이 상하고 야속한 마음에 흐르는 눈물을 감출 수가 없었다. 33살 젊은 나이에 남편을 나라에 바치고 국가유공자로서 품위를 지켜가며, 두 아이의 어머니로 살아가는 고달픈 세월 속에 밤이면 밤마다 베갯잇에 눈물도 많이 흘리며 여러 가지 사연들로 나를 힘들게 하였지만, 내 생애 교회와의 싸움은 나를 지치게 했고 가장 힘들게 했던 기억으로 남아있다.

경계 넓이 50cm를 띄우고 담장을 높고 길게 쳐 놓으니 구들장 현관 앞은 완전히 봉쇄되었다. 편안하게 다녔던 도로를 이용하지 못하고 50cm의 좁은 통로로 10m를 걸어들어와 진·출입을 하니 사람들은 불편해하였다. 이 통로로 사람과 짐짝들이 드나드는 것을 보고 있자니 옛날 영화를 보러 갔던 극장이 생각났다. 매표소에서 표 한 장씩 끊어 한 사람, 한 사람이 줄을 서서 들어가 영화를 보고 나왔듯이 구들장 손님들도 한 사람이 들어오면 한 사람이 나가고 하는 아주 웃기는 광경이 연출되었다. 이런 식으로 두 어 달 장사를 하고 있었다. 불편한 통로였지만 장사는 계속해서 잘 되었고 손님은 여전히 많았다.

문제는 고기 차와 소주 차 음료수 차 등 구들장에 필요한 재료들을 배달해 주던 사람들이 물건을 싣고 나를 때 한 번에 나를 것을 여러 차례 나누어 나르니 고생을 두 배로 하였다.
그래서 그 사람들도 교회를 싫어하였다. 이러한 환경 속에서도 손님은 항상 많았고 장사는 점점 더 잘되어 갔다.

어스름한 어느 날 저녁, 인근 아파트에 사는 딘골손님이 세 분의 동료들과 함께 삼겹살을 먹으러 왔다.

"사장님, 사장님이 저 멀쩡한 도로에 담장을 치셨나요?"
"아니요",
"그러면 교회에서 쳤나요?"
"예"

손님은 더 이상 아무 말 없이 삼겹살에 소주 3병을 먹고 계산을 하고 갔다. 1시간 후 나에게 전화가 왔다.

"사장님 조금 전에 TV 앞에서 소주 3병을 먹고 간 ○○○입니다. 제가 지금 목사님께 전화를 드렸습니다. 목사님 구들장 앞 저 멀쩡한 도로에 담장은 왜 치셨습니까? 구들장은 퇴폐업소도 아니고 하루 일과에 피곤한 몸을 이끌고 소주 한 잔에 마음을 풀고 가는 서민의 집 앞에 담장이라니요. 목사님께서는 이러저러한 상황에 대해서 말씀을 하셨는데요? 나는 이해할 수가 없어 목사님 그렇다면 좋습니다. 나는 ○○아파트에 사는 ○○○이라는 사람인데요? 나도 당신네 교회를 내쳐야 하겠습니다. 이유는 딱 2가지 있습니다.

첫째 당신네 교회가 너무 높이 있어 상대적으로 낮게 있는 우리 아파트 주민들은 저녁노을이 보이지 않습니다.

그리고 두 번째, 답답합니다. 나는 내일부터 아파트 주민들의 도장을 받아 이 일을 추진할 겁니다. 이렇게 이야기하고 전화를 끊었습니다. 사장님도 이런 사실을 알고 있어야 할 것 같아 전화를 드렸습니다. 내일부터 집집마다 찾아가 도장을 받아 추진하려고 하니 그런 줄 알고 계세요."

하면서 전화를 끊었다. 전화를 받은 지 1시간이 지났을까?
저녁 9시가 넘은 늦은 시간에 "철커덩 철커덩" 쇠 뜯어내는 소리가 들렸다. 밖을 내다보니 예전에 몸싸움하면서 실랑이를 벌였던 그 사람이 자기가 쳐 놓았던 그 담장을 다시 철거하고 있는 것이 아닌가? 9개월의 소송 기간 동안 사람들 눈에 보이지 않는 곳에서 싸울 때는 울기도 많이 울고 고생도 많이 해서 여러 사람의 도움을 받았는데도 불구하고 해결되는 것이 하나도 없었는데 실제 담장을 쳐 놓으니 세상 사람들 눈에 띄게 되어 ○○○이란 용감한 한 분의 전화 한 통화에 그 답답했던 담장이 그날로 절반 이상 뜯겨 나가니 너무나 신기하였다.
○○○씨는 구들장 단골손님이긴 하였지만 나하고는 인사를 하는 정도의 손님이었지 친하게 지내지는 않았던 사람이었다. 생각지도 못했던 손님에게 평생에 잊지 못할 큰 은혜를 입게 되었다. 너무 감사한 일이었다. 그다음 날, 교회 장로님이 인자한 모습으

로 찾아오셨다.

"사장님 그동안 마음고생 많이 하셨습니다. 나머지 담장은 수일 내로 철거할 것이니 주차 관리에 조금 더 신경 써 주시고 장사 열심히 하시어 돈 많이 벌으세요."
"네~ 저도 감사하고 그동안 죄송했습니다."

이렇게 해서 교회와의 싸움은 끝이 났다. 판사님의 판결 후, 그 교회에 다니시는 할머니 권사님이 내게 말씀하셨다.

"이 일은 하느님이 하신 게 아니라 우리 인간들이 하는 일이었기 때문에 이런 일이 생겼으니 그동안 서운하고 속상한 일이 있었더라도 모든 것을 다 잊고 우리 교회에 다시 나오셔요"

라고 하였지만, 아직 나는 교회에 나가지 않고 있다. 그 대신 사회의 어려운 이웃들에게 내가 가지고 있는 것을 조금씩 나누어가며 살아가기로 마음먹었다.

초록우산 어린이재단

이제는 내가 어려운 이웃을 도와줄 차례이다. 한부모 가정이라는 어려운 굴레를 벗어나 우리 세식구의 절망을 희망으로 바꾸어준 국가보훈처에 고개 숙여 감사드린다. 내가 무엇이 훌륭하여 남을 돕겠는가마는 국가에서 받았던 도움에 감사하는 마음을 조금이라도 이 사회에 되돌려주고 싶은 마음이다.

2006년 가을, 초록우산 어린이재단 오상추 강원도 후원회장님을 따라 초록우산 어린이재단의 문을 두드렸다. 회장님은 인품이 좋으시고 신뢰받는 사업가로서 어려운 환경 속에서도 꿈을 이루기 위해 열심히 공부하는 학생들에게 장학금을 주어 학업을 이어 갈 수 있도록 도와주시는 고마운 분이시다. 나에게도 많은 손님을 데려다주는 늘 감사한 구들장 단골이기도 하다.

어린이재단은 도움이 절실한 아동들을 위해 후원자의 귀한 뜻을 받들어 사회 각 계층과 소통하며 인재 양성, 아동복지 향상 등 아동이 행복한 세상을 만들어 갈 수 있도록 도움을 주는 어린이 전문 후원 기관이다.

내가 어린이재단에 마음을 두는 이유는 국가의 도움으로 잘 성장해준 나의 자녀들이 있기 때문이다. 딸은 대기업에 아들은 국가공무원이 되어 각자의 자리에서 맡은 바 책임을 다하고 있지 않은가.

어려울 때 뒤에서 조금만 밀어주고 도와주면 큰 힘이 된다는 것을 경험을 통해 나는 잘 알고 있다.

대한민국의 미래를 짊어지고 갈 새싹 같은 아이들.

초록우산으로 비를 가려주고 때로는 눈물도 닦아주어 절망을 희망으로 바꾸고 용기와 꿈을 실어주는 동행자가 되기 위해 나도 후원금을 내기 시작하였다.

초록우산 어린이재단.

강원도후원회 부회장의 역할을 단단히 하고자 오상추 회장님을 모시고 이창수 본부장님과 함께 원주를 비롯하여 강원도 내에 어려운 어린이를 찾아내어 집이 없는 아이는 집을 지어주고 아픈 아이들에게는 의료비를 지원하여 행복한 삶을 살 수 있도록 동참하는데 최선을 다하였다.

훗날 후원회장님이 두 번 바뀌어 김기선 회장님에 이어 지금은 황인구 회장님을 모시고 15년째 어린이재단과 함께하고 있다.

황인구 회장님이 취임하시고, 어린이재단 강원도 지역본부에서는 강원인재양성프로젝트를 매년 진행하고 있다.

학업, 예술, 체육 등 다양한 분야에 재능은 가졌지만, 경제적 상황으로 꿈을 펼치기 힘든 아이들을 선발하여 특기를 살려주고 좋은 기회를 놓치지 않게 지원하여 그 아이들이 성공하여 이 사회를 발전시키는 인재 양성 프로젝트이다.

황인구 회장님과 이창수 본부장님의 열정으로 2021년 올해 강원도 내 53명의 아이에게 2억 3천만 원의 지원금을 후원 해 주어 재능을 키우는 데 많은 도움을 주었다.

원주에서도 12명의 아동을 선발하고 지원하여 힘든 시기에도 꿈을 이루기 위해 노력을 하는 아이들에게 꿈과 희망을 불어넣어

주었다.

덕분에 축구, 사격, 골프, 미용, 피아노, 현대무용 등 재주가 많은 청소년들이 돈 걱정 없이 실력을 키우는 데 많은 도움을 받을 수 있었다. 꿈을 향해 오늘도 정진하고 있는 그들에게 힘찬 격려의 박수를 보낸다.

장주기요셉의집
친구들

오늘은 나에게 반가운 손님이 오는 날이다.

매월 마지막 주 월요일 오후 5시, 장주기요셉의집 친구들의 즐거운 나들이 삼겹살 파티가 있는 날이다. 내가 처음 음식 봉사를 하게 된 것은 2008년 봄이다. 스텔라 수녀님이 장애인 7명을 데리고 온 것이 계기가 되었다. 몸이 불편한 친구들을 가끔 데리고 오셔서 삼겹살을 구워 먹이고 밥도 먹이는 수녀님의 모습은 아름다웠다. 요셉의집 친구들이 삼겹살을 좋아해서 좋아하는 음식을 먹이려고 가끔 데리고 오는 것 같았다. 이 친구들은 집중력이 부족하고 산만하여 밥을 흘리기도 하고 빨리 먹지도 못했다. 화장실을 갈 때도 수녀님과 선생님들이 보호하고 따라다녔다.

수녀님은 그들의 밥을 다 먹인 후에 먹다 남은 고기와 밥을 천천히 드셨다. 천사가 따로 없었다. 수녀님의 모습이 곧 천사였다. 삼겹살을 맛있게 먹는 친구들을 보면서 나도 내 음식을 저 친구들에게 먹이면 좋겠다고 생각하였다. 수녀님께 말씀드렸더니 너무 좋아하셨다. 그때부터 한 달에 한 번 음식 나눔을 계속하게 되었다.

그러나 작년 2020년 코로나바이러스 감염증-19의 거리 두기와 5인 이상 집합 금지로 12년간 이어오던 음식 봉사를 일시 중단하였다. 1년 이상 중단이 되었으니 재활원 친구들도 구들장에 무척 오고 싶어 할 것이다. 그 친구들은 구들장 삼겹살을 너무 좋아해서 구들장 가는 날을 제일 좋아한다고 수녀님이 말씀하셨다. 코로나가 종식되면 다시 삼겹살 파티로 이어질 것이다.

장주기요셉의집 친구들은 지적장애로 성장발육이 안 되어 겉모습의 나이가 10~20세로 어려 보이지만 실제 나이는 30~40세가 넘는 성인 어른들이다.

이들은 누군가의 도움을 받아야만 생활이 되는 친구들이다. 천주교 재단에서 신부님과 수녀님이 운영하고 있다. 여러 교육을 통하여 스스로 혼자 할 수 있는 일을 가르쳐 자립정신도 길러주고 능력이 되는 친구들은 쓰레기봉투를 만드는 보호작업장에서 근무하며 아주 적은 돈이지만 본인 통장으로 저축도 하여 자기가 번 돈으로 먹고 싶은 음식도 사 먹고 필요한 물건들도 사서 쓸 수 있는 사회성을 길러주기도 한다.

독립이 용이한 친구들은 집과 살림살이도 장만하여 분가를 시켜 3~4명씩 짝을 지어 한집에 살게 해서 자기들끼리 가족이라는 울타리도 만들어주고 독립시킨 후 수시로 드나들면서 보살피는 훌륭한 재활원이다. 이 친구들은 천진난만해서 거짓말도 안 하고 순수해서 예쁘다.

오늘은 특별히 마술 봉사로 인기가 높으신 누리 야학당 전임선 선생님을 모시고 20여 명의 원생에게 멋진 마술을 보여줄 생각이다. 선생님은 구들장 단골손님으로 내가 부탁하여 흔쾌히 승낙을 받은 것이었다. 80세가 훨씬 넘으신 선생님은 서울에서 힘든 과정을 거쳐 어렵게 마술을 배우셨다고 하셨다. 드디어 장주 기요셉 친구들과 부모님, 명륜1동 동장님, 계장님 외 동네 몇 분도 함께 초청하여 구들장 직원들과 함께 마술을 관람하는 날이 왔다.

드디어 마술의 막이 올라가고 있다. 선생님의 기합 소리에 빈 상자에서 가지각색의 꽃들이 계속해서 피어나고 또 피어났다.

구들장 홀은 어느새 예쁜 꽃들로 만발이 되어 꽃밭을 이루었다. 팔랑팔랑 예쁜 비둘기가 날아다니니 친구들은 손뼉을 치며 좋아했다. 시뻘건 불꽃이 선생님 양손에 의하여 동에 번쩍 서에 번쩍 이리저리 옮겨 다니니 친구들은 긴장이 되고 걱정이 되었다.

"할아버지 불조심하세요 손 데어요 손 데이먼 아파요 아프면 병원에 가야 해요"

한 여자 친구가 걱정이 아닌 걱정을 하면서 신기해하고 좋아하는 모습을 보면서 마술 선생님 모시기를 잘했다고 내가 나를 칭찬하였다.

앞으로도 이런 기회를 가끔 만들어 눈은 즐겁게, 삼겹살은 맛있게, 두 배의 효과를 가졌으면 좋겠다고 생각하였다.

나도 직원들과 함께 끝까지 지켜보았으나 꽃과 비둘기는 어디서 어떻게 나오는지 눈을 크게 뜨고 봐도 선생님 손이 어찌나 빠른지 찾아볼 수가 없었다. 마술 공연 후 삼겹살 파티로 이어졌다. 식사 시간에 짬을 내어 선생님께 여쭈어보았다.

"선생님 꽃과 비둘기는 도대체 어떻게 나오나요?"

선생님은 웃으면서

"그것은 비밀입니다."

마술을 배울 때는 아무리 친한 사람일지라도 절대로 알려주면 안 된다는 약속과 철칙이 있다고 하였다.

사랑받기 위해서 태어난 사람,
장주기요셉의집 친구들이었다.

원주고등학교
동문이 되다

27년 전 아들의 저녁 도시락을 싸 들고 자주 찾아왔던 교정 내가 이 학교 학생이 되리라고 꿈에라도 생각 못 한 나는 2017년 방통고에 입학하였다.

고인이 된 남편은 원주고등학교 13회 졸업생이고, 아들은 40회 졸업생이다. 나는 원주고등학교 부설 방송통신고등학교 42회 졸업생이다.

남편이 거닐었던 교정에서 아들이 걸었고 아들이 걸었던 교정에서 엄마가 걸으니 이 학교와는 인연과 애착이 참 남다르지 않은가? 굳이 짜 맞추어 보자면 우리 셋은 동문이 아닌 동문인가 싶다.

세대는 달랐지만 3년이란 세월을 같은 학교에서 공부하였고 이들이 뛰어놀던 운동장에서 나도 달리기를 하며 체육대회, 골든

벨 등 고교 생활의 추억이 깃든 곳이다.

한 달에 2~3번 일요일, 본교생들의 책상과 의자를 빌려 쓰는 만학도로 3년을 공부했으니, 그 누가 무어라 해도 우리 셋은 동문이라고 말하고 싶다.

아들은 모교의 문병용 장학회에서 3년 내내 장학금을 받아서 기특하고 대견한 모습으로 나를 기쁘게 해주더니, 나 또한 아들에게 보란 듯이 적은 돈이지만 장학금을 받아 기분은 좋았다.

중학교 졸업을 하고 고등학교까지 늦깎이로 하는 띄엄띄엄 공부였지만, 내 나이 60이 훨씬 넘은 나이에 무슨 공부를 잘했겠냐만은 수업 시간이면 선생님의 강의를 열심히 듣고, 낮에는 일터에서 일하고, 밤에는 졸음을 쫓아내며 공부를 하였다.

학기말고사 때 잘 보면 좋으련만 못 보면 어떠하리, 학우들과 경쟁을 하며 두근거리는 마음으로 해 온 공부였다. 다른 학우들보다 학업 성취도가 높았나 보다.

마음을 다잡고 성적 장학금도 놓치지 않은 것을 보니 나도 대견하기는 하다. 귀하고 값진 장학금 10만 원을 받았다. 열악한 방통고의 재정상 10만 원은 매우 많은 돈이다.

이 장학금을 다른 학우에게 양보하려 하였으나 이미 교장 선생님의 결재가 되어서 안 된다고 담임선생님께서 말씀하셨다. "선생님 감사합니다. 이 귀한 돈을 보람 있는 곳에 잘 쓰겠습니다." 선생님께 말씀드리고 이 돈이 쓰일 곳을 찾아보았다.

때마침 문막읍에 어린이 장난감 도서관이 2020년 1월에 개관한다는 소식을 신문에서 접하였다. 장학금 10만 원에 100만 원을 더 보태어 110만 원을 초록우산어린이재단에 전달하였다.

장난감 사기에는 부족한 돈이지만 문막에 사는 어린이들에게 쓰이게 해 달라고 부탁을 하였다.

장난감을 가지고 노는 아이들이 두뇌 회전을 빠르게 하여 창의력을 기르고 밝고 명랑하게 자라 이 나라에 튼튼한 기둥이 되었으면 한다. 보람있게 쓰인 아름다운 상학금이었다.

늦깎이 여고생

용기 있게 나섰다. 이 몸을 잠재우랴

새벽에도 함 밤에도 눈 뜨는 지성

일터에서 흘린 땀 배움으로 살찌운다.

기어이 뜻 이루리 보람차게 이루리

달님도 알아주네! 태양도 힘을 주네

펼치자 그 이름 방송통신고교생

명문 방송통신고등학교의 교가이다.

2017년 3월 12일 내 나이 64세, 애국가를 부르고 선배님의 교가를 들으며, 벅차오르는 가슴으로 고등학교 1학년 입학을 하였다. 열심히 살아가는 사람들의 꿈이 있는 곳, 오랜 시간을 지나 찾아온 배움의 터전이다. 설레는 마음으로 처음 대면하는 학우들의 얼굴과 다시 찾아온 교실의 책상과 의자 독서와 문법, 미적분, 실용 영어, 화학, 일본어, 한문, 스포츠 과학, 선생님과 함께하는 공부가 머리에 들어오지 않지만, 낙엽 든 나이에 배움의 열정으로 10대의 고교생이 되었다.

우리 반 학우들은 19세 준하를 비롯하여 10대에 방황하여 철이 없던 시절, 약간 잘난 척 힘센 척하다가 현실을 알게 되어 방통고를 찾은 20~30대의 친구들, 옛날의 나처럼 가정 형편이 어려워 남동생 오빠에게 밀려 희생이 된 50~60대의 늦깎이 친구들, 다양한 재주를 가진 20여 명의 학우는 모두가 다 인간극장의 주인공들이다. 다 늦게 다양한 사연을 지닌 한 서린 마음을 풀고자 우리들은 교정에 섰다.

나는 어쩌나 나는 어이해 공부하고 싶은데

나 이제 어이하라고 눈물이 나네

나는 괜찮네 나는 참겠네 부모 말씀 듣겠네

오라버니 성공 할테니 나는 나는 웃겠네

세월이 흘러 때 늦은 공부, 한 풀려고 한다네

우리 다 함께 못하던 공부, 웃으면서 하세나

때가 되었네 때가 되었네 공부할 때가,

보란 듯이 하려네

우리 부모님이 저 세상에서 잘한다고 하려나

아리랑 아리랑 이라리오 아리랑 고개로 나를 넘겨주게

정선 아리랑에 맞추어 박광선 선생님이 쓴 가사를 붙여서 흥얼거려본다. 어쩌면 이리도 내 마음과 똑같을까.

결코 만만치 않은 늦깎이 공부

낮에는 일터에서 밤에는 인터넷 강의를 들으며

졸리는 마음, 이 고단함을 어찌 다 말할꼬
새벽 일찍 일어나 시험공부 한다고 머리 싸매고,
가정일도 사회 일도 함께 꾸려갔던 시간들
언제 정이 들었는지 아무리 일에 밀리고 바빠도
학교 가는 등굣길은 언제나 즐거움에 신바람이 났다.
나를 기다리고 있는 우리 담임 선생님, 그리고 우리 반 학우들과 체험학습, 체육대회, 신통방통 축제, 골든벨 등을 통해 단합된 모습으로 고교 시절의 추억을 만들었다.
늦깎이 배움의 전당을 만들어준 대한민국 교육계에 감사드린다.
학생들을 위해서 물심양면으로 지원해 준 김병철 교장 선생님과 김종숙 담임선생님께 존경의 마음도 드린다.
지난날을 되돌아보며 공부를 못해 서러웠던 세월 지금 바로 이 순간, 이 선택이 내가 했던 모든 일 중에 제일 잘한 것 같다.

세상에서 가장 지혜로울 사람은 배우는 사람이고, 세상에서 가장 행복한 사람은 감사함을 갖는 사람이다.
내가 서 있는 이 자리에 오기까지 멘티와 멘토가 되어준 손광길 친구가 있다.

KT에 근무하다 정년이 되어 퇴직한 후 개인택시를 하는 친구이다. 하루는 택시를 세우고 무조건 나를 태워 어딜 가나 했더니 원주여중 행정실로 데리고 가는 것이었다. 중학교 졸업 증명서를 발급받아 방통고에 접수까지 해서 공부를 하게끔 도와준 고마운 친구이다. 가끔 만나 소주 한잔하면서 못 배운 한을 늘 함께 토론했던 친구다.

"다른 사람은 몰라도 경애 너는 이대로 있어서는 안된다. 너무 아까운 사람이라 공부를 계속했으면 좋겠다."

며 늘 격려해 주었다.

광길이는 우리 모교인 방통고의 5회 선배이자 원주초등학교 57회 동창회장이다. 그래서 방통고의 장점도 환경도 잘 알고 있었다. 음식점을 경영하고 있는 나에게 친목계 등, 여러 손님을 데리고 와서 매출에도 도움을 주는 이 친구에게 늘 감사한 마음을 갖고 있다.

그리고 방통고 6회 선배이자 내 인생의 후배인 김동원 동생, 나의 부모를 대신하여 책가방을 사주고 공책, 연필, 필통을 사주어 그 덕분에 성적우수상, 모범상 표창, 장학금까지 받아 3년 개근과 함께 고등학교를 무사히 졸업하였다.

대학도 적극적으로 추천하여 대학생이 되기까지 큰 역할을 하였다. 동원이가 사준 책가방을 지금도 메고 다니면서 즐거운 대학생활 2년 차에 충실히 하고 있다.

평양을
가다

시월의 가을 하늘은 맑았다. 평양을 가기 위해 김포공항에 도착하니 북한의 고려항공기가 우리를 기다리고 있었다.

스튜디오 안내원 동무는 무릎을 살짝 덮는 개량한복을 입고 우리 일행을 반갑게 맞이하였다. 날씬한 몸매에 빨간 치마 색동저고리가 산뜻하니 어울리고 예뻤다. 북한 사람들과 처음 만나는 비행기 속 분위기는 친절한 서비스로 훈훈하고 부드러웠다.
평양을 향하여 10시 50분에 출발을 하였다. 순안공항을 직항으로 평양에 도착한 시간은 낮 12시가 조금 넘어서였다.

10월 12일, 방문 1일째

첫 일정은 평양 시내 관광을 하였다.
휘발유가 귀한 북한에서는 자동차가 많지 않아 평양의 거리는 한산하고 평화로워 보였다.
수신호를 하고 있는 여자 안전원(경찰)을 보면서 주위를 살피니 6차선 사거리 큰 도로임에도 신호등은 보이지 않았다.
평양 시내 한복판에서 소달구지에 물건을 싣고 가는 소박한 농부의 모습을 보면서 화려한 한국의 서울 시내와는 너무나 다른 모습이었다.

흰 광목천으로 싸서 묶은 네모난 상자를 어깨에서 허리춤까지 사선으로 메고 가는 시민의 모습에서 TV에서 보았던 사극 드라마 대장금이 생각났다.

전차를 타기 위해 길거리 정류소에는 사람들이 긴 줄을 서서 기다리고 있었다. 전차 안은 많은 사람들로 붐비어 콩나물시루처럼 빼곡하니 전차가 터질 듯 혼잡하였다.

내가 평양을 방문하게 된 이유는 만경대 제2 식료공장(한국복지협력장)이 2007년 올해 품질 개선과 생산시설을 확장하여 '어린이 종합 식료공장'으로 재탄생하여 이를 기념하기 위한 현판식에 참석하고 초록우산어린이재단(구, 한국복지재단)에서 지원하는 여러 시설들을 방문하고 돌아보는 3박 4일의 방문길이었다.

초록우산어린이재단 전국의 후원회장님과 강원도후원회 오상추 회장님을 모시고 부회장인 나는 이창수 본부장님과 동행 길에 올랐다.

평양직할시 량각도 특급호텔에 투숙을 하였다.

이 호텔은 양각도(대동강 안에 있는 평양직할시 중구역에 속한 섬)에 있는 섬으로 평양의 여의도라 불린다.

건물 전체가 48층의 유리로 현대화되어 스카이라운지, 식당 등 여러 가지 시설로 관광객이 편히 쉴 수 있게 설계되어 있었고 정원은 아름답게 꾸며져 있었다.

첫날밤은 설레는 마음에 잠을 깊이 이루지 못하여 새벽 6시에 일어나 호텔 주위 정원을 산책하고 가벼운 운동도 하였다.

평양의 새벽 공기는 맑아서 기분이 상쾌하고 좋았다.

평양을 다녀온 지 9개월이 지났을 때 북한 금강산 구경을 갔던 고 박왕자 씨가 해안가를 산책 중 조선 인민군 초병의 총격으로 사망하였다는 보도를 접했을 때 량각도 호텔의 새벽 산책이 생각나서 깜짝 놀랐다.

10월 13일, 방문 2일째

1) 만경대 고향집 방문

김일성이 태어나 어린 시절을 보낸 곳으로 김일성의 증조부가 산당집의 당지기로 자리 잡은 이래 4대를 살았던 곳이다. 만경대에 올라서서 바라보는 대동강변의 경치가 일품이어서 "만 가지 경치"라는 의미로 만경대로 불렸다.

북한 주민들도 김일성의 생일인 4월 15일의 태양절을 전후로 집중적으로 이곳을 참배하고 있다고 해설사가 말했다. 방 3칸과 부엌이 딸린 초가집에는 옛 고유의 정서가 듬뿍 담겨있었다.

2) 북한에서 가장 취약한 계층은 어린이들이다.

제2 식료공장은 어린이들이 끼니를 거르지 않고 정상적으로 성장하도록 한국의 삼립식품과 협력하여 매일 1만 개의 빵과 과자를 만들어 평양시 인근에 있는 육아원 및 학교 아동들에게 영양식으로 나누어 주고 있었다.

오늘은 더 큰 규모로 현대화하고 시설을 확장하여 재탄생하는 뜻깊은 준공식을 하는 날이다. 준공식을 마치고 공장을 시찰하였다. 최신 시설의 자동화로 만들어져 나오는 빵과 과자 사탕 등을 보면서 북한의 어린이들이 먹으면서 튼튼하게 자라는 모습이 눈에 선하여 마음이 흐뭇하였다.

오후에는 보육원을 방문하였다. 북한에서는 보유원을 학원이라고 불렀다. 시설이 열악하여 아이들의 머리에는 기계충(두부백선 :

머릿밑에 피부사상균이 침입하여 일어나는 피부병)으로 하얀 가루약을 바르고 있었다.

3) 평양 제2 인민병원 방문

북한은 1990년대부터 만성적인 경제난으로 병원 시설과 의약품 보급이 좋지가 않았다. 개인병원이 존재하지 않는 북한 사회에서 제2 인민병원은 3차 진료기관으로 우리나라 종합병원에 해당한다. 우리나라에서 2001년부터 의료장비 및 의약품 지원과 의료기술을 지원해 주고 있었다.

평양 제2 인민병원 출입구 위편에는 '위대한 수령 김일성 동지께서와 녕도자 김정일 동지께서 3대 혁명 붉은 기 쟁취를 위

한 현지 지도하신 병원(1959. 9. 22.)'이라고 쓰여 있었다.

병원 간판은 진료과 전투장이라고 걸어 놓았다. 병원 관계자의 안내로 입원실과 병원 내부도 들어가 볼수가 있었다. 내과전투장 진료실에서 의사가 초음파로 환자를 진찰하는 모습을 창문을 통해 볼 수 있었다.

안내자는 초음파 진료에 대하여 우리들에게 자랑을 하였다. 우리나라에서는 이미 오래전부터 보건소나 개인병원에서도 널리 보급되어 손쉽게 행하여졌던 의료기술이었다. 외과전투장, 진료실의 전투장이라는 단어가 생소하여 재미있다고 생각하였다.

4) 만경대 학생 소년궁전

방과 후 과외 활동으로 예술과 체육 분야의 인재들을 집중적으로 양성시키는 기관이다.

가야금을 배우는 아이, 태권도, 피아노, 바둑. 발레, 서예반 등 어린이와 청소년들의 재능을 개발하고 인재로 키워 북한의 주요 예술인과 체육인들 중에는 만경대 학생 소년궁전 출신이 많다고 하였다. 대외적으로 외국 손님이 들리는 주요 참관지의 하나로 북한 체제의 우월성을 과시하기 위한 장소로도 활용하고 있는 곳이다. 소년궁전에서 만난 재주꾼 아이들의 천진난만한 모습이 지금도 내 눈에 선하다.

10월 14일, 방문 3일째

1) 묘향산

평안북도 영변군에 위치한 묘향산은 산세가 빼어나게 아름답고 웅장한 모습을 지닌 기암괴석의 절경의 산으로 우리나라 4대 명산 중 하나이다.

개성을 지나 묘향산을 가면서 차창 너머로 보이는 북한의 산들은 거의 다 벌거숭이산이었다. 주민들의 땔감이 부족하여 땔나무로 이용하고 나무를 심지 못해 벌거숭이였다. 그러나 묘향산에 도착하니 숲은 우거지고 나무도 많아 경치가 아름다웠다.

국립공원이라 당국에서 관리를 잘하여 등산객도 많이 있었다. 등산을 나온 주민들과 함께 앉아 쉬면서 인사도 나누고 이야기도 하면서 담소를 나누었다. 남한의 껌을 나누어 주었더니 무척 좋아했다. 북한 등산객과 기념사진도 함께 찍어 소중하게 간직하고 있으며, 가끔씩 꺼내 보면서 추억을 되살려 보기도 한다.

삼국시대 고구려 제1대 시조인 동명성왕릉, 비선폭포, 9층 폭포, 만폭등, 단군굴 등을 답지하고 온달장군과 평강공주 묘도 구경 하였다.

2) 묘향산에는 북한의 보물창고인 '국제친선전람관'이 있다.

북한의 명물인 이곳은 고 김일성 주석과 고 김정일 국방위원장이 외국의 사절들에게 받은 선물을 전시해 놓은 곳으로 입구에서부터 북한군의 경비가 삼엄하였다.

육중한 철문을 들어서자 덧신을 신고 구경을 하는데 아쉽게도 사진촬영은 금지하고 있었다. 스탈린이 김일성 주석에게 선물한 방탄차에서부터 故 노무현 대통령의 선물, 故 박정희 대통령이 선물한 은담배 함, 은칠보꽃병, 전두환 대통령의 나전칠기 화장도구함, 故 이건희 삼성그룹 회장님이 컴퓨터, 프린터 등이 눈에 띄었다.

故 정주영 현대그룹 회장님이 선물한 현대자동차와 황금으로 만들어진 커다란 황금소를 보는 순간 무척 반가웠다. 황금소의 금값만 해도 엄청 날 것 같았다.

남한의 역대 대통령 중 故 김영삼 대통령의 선물은 보이지 않았다. 전 세계의 대통령들과 사업가들이 보내온 온갖 선물로 가득 차 있어 보는 이로 하여금 감탄을 자아내게 하였고 온갖 희귀한 보석들, 미술품 등 총 22만 2천600여 점이 전시되어 있었다.

3) 김일성 광장

1954년에 건설된 평양의 중심부에 위치하고 있는 중앙광장은 당 대회나 북한 창건 기념일을 경축하는 평양시 군중집회를 비롯하여 김일성 김정일의 추모기념행사 등 군의 위용을 과시하는 열병식이 진행되는 광장으로 넓은 직사각형 형태의 마당으로 되어 있었다.

"혁명의 수도 평양시를 더욱 웅장하고 화려하게 장식하며 주체조선의 위용을 남김없이 보여주고 있다"

라고 선전하고 있으며 1954년 내각결정에 따라 김일성 광장으로 하였다고 한다.

광장을 돌아보고 오는 길에 고려호텔에서 점심을 먹게 되었다. 달콤한 양념으로 주물럭하여 참 숯불에 구워 먹는 소고기의 맛이란 이루 말할 수 없이 좋았다. 숯불에 익어가는 고기에 숯 향기가 서서히 배어 들으니 입안에서는 숯 향기가 퍼지며 맛은 일품이었다.

평양냉면과 함께 얼마나 맛있게 먹었던 음식이라 14년이 지난 지금도 그 소고기 맛을 잊을 수가 없다. 3박 4일간 평양에서 먹었던 음식 중에 제일 맛있게 먹었던 기억에 남는 음식이었다. 만약에 평양을 방문할 기회가 또 주어진다면 고려호텔의 그 숯불고기와 평양냉면을 다시 한번 먹어보고 싶다.

4) 10월 14일, 평양에서의 마지막 날 밤

저녁 만찬과 함께 북한 어린이들의 재롱잔치 예술공연이 있었다. 예쁜 율동과 춤으로 아리랑 노래를 부르는 모습은 한국의 어린이가 재롱잔치를 하는 모습과 똑같아 깜찍하고 귀엽고 사랑스러웠다. 연극과 장기 자랑으로 무대는 감동이 되어 어느 사이 남과 북은 하나가 되어 있었다.

환영합니다, 반갑습니다. 다시 만납시다를 외치며 공연은 끝이 났다. 공연이 끝난 후 우리는 무대 위로 뛰어 올라가 서로 끌어안고 꽃다발도 건네며 기념사진도 함께 찍었다. 감격 속에 잊지 못할 뜨거운 공연이었다.

이렇게 해서 평양의 아름다운 3박 4일의 방문을 마치고 다시 고려항공기에 몸을 싣고 인천공항으로 돌아왔다.

시민서로돕기
천사운동

2002년도에는 명륜1동에 지금보다는 어렵게 사는 사람들이 많았다. 동주민센터(옛 : 동사무소)에서는 후원자와 어려운 이웃들을 결연하는 사업을 추진하였다. 나도 그 사업에 동참하여 68세의 할아버지와 결연을 맺어 후원을 하게 되었다. 그때 당시 매월 3만 원씩 통장에 넣어드려 기초 경비를 쓸 수 있도록 하였다.

할아버지는 몸이 불편하여 경제 능력이 없어 늘 가난했지만, 마음은 착하셨다. 몇 년간 후원 하면서도 어디에 사는 누구이며 얼굴은 한번도 본적이 없었다. 동직원은 68세의 할아버지라고 만 알려주었다.

하루는 동 직원에게서 전화가 왔다. 할아버지께서 주민센터로 찾아오셔서

"나를 도와주시는 분이 누구인지 만나서 고맙다는 인사를 하고 싶다"

만나게 해달라고 하였으나 알려주지 않았다고 하였다.
나도 내심 궁금하던 차에

"알려주시지요. 식사라도 따듯하게 대접해 드릴 걸 그랬어요."

만나게 되면 후원자에게 폐가 되지 않을까 하는 마음에 알려주지 않았다고 하면서 할아버지의 마음만 전해드린다고 하였다.

2002년부터 이런 식의 결연 후원이 모태가 되어 2004년 김기열 원주시장의 1계좌 1004원으로 후원하는 천사운동으로 바뀌었다. 시민서로돕기천사운동본부가 활성화되기 시작하면서 2006년 시민서로돕기천사운동 지원조례 제정을 계기로 본격 추진, 천사개미운동으로 후원자가 크게 늘어 이웃 돕기가 불길처럼 번졌다.
시장님이 추진한 사업이라 시장님의 관심과 열의는 대단하셨다.

그 당시 원주시청 공무원 대부분이 1계좌 이상 후원에 솔선수범하였고 각 기관들, 기업 종사자까지 적극적으로 참여하였다. 각 동 주민센터에서도 주민자치위원회(옛 : 개발위원회), 통장님, 부녀회, 바르게살기 위원들의 한사람 1계좌 만들기에 앞장서 후원계좌가 늘어나니 천사운동은 대성공으로 이어졌다.

강원도 원주시에서 시작된 천사운동은 1계좌당 1,004원을 기부하는 후원자를 모집해서 차상위계층의 아픔을 보듬는 시민운동이다. 한편, 십시일반으로 정성을 모아 어려운 이웃을 돕는 민간협력 차원의 사회안전망이 튼튼해져 차상위계층의 사람들이 많은 혜택을 받을 수 있었다. 장성한 아들이 있다는 이유로 기초생활보장수급자 대상자로 선정이 못 되어 폐휴지를 주어 팔며 근근이 생활하던 사람들은 가난해도 정부의 지원을 받지 못하였다.

이러한 사회복지 사각지대에 있는 사람들에게 천사운동본부에서 매월 13만 원씩 지원해주어 기본적인 전기세 수도세 걱정을 덜게 해 주었다. 나도 50계좌를 신청하여 매월 50,200원을 14년이 지난 현재까지 자동이체로 후원해서 그들을 돕고 있다. 후원금을 낼 때는 자동이체로 해야 한다. 물론 1년에 한 번이라도

100만 원, 1,000만 원 일시불로 기부할 수도 있지만, 큰돈은 큰마음 먹지 않는 한 일반인에게는 어려운 문제다.

자동이체의 개미후원금은 아깝다고 느끼지 못하는 사이에 다달이 이체되기 때문에 긴 세월 나보다 못한 사람들에게 후원할 수 있는 장점이 있다. 원주시와 함께 불우이웃을 돕고 있다는 기쁨과 자긍심으로 1등 원주시민이 되기도 한다. 2020년부터 천사운동은 민간주도형으로 전환한 이후 코로나바이러스 감염증-19의 영향으로 경제가 좋지 않아 후원금이 많이 줄어들었다.

원주시의 천사운동은 타 도시 이웃 자치단체로 번지고 있다. 동해시의 "동해해오름천사운동"에 이어 평창군은 1계좌 700원인 "해피 700사랑나눔운동" 강릉시의 1계좌 3,000원인 "희망강릉365"제도를 운영하고 있다. 이 모두가 원주시 천사운동을 배우고 벤치마킹 한 것이다. 시민서로돕기의 나눔 문화의 원조는 원주시가 최초로 실시하여 대한민국 1등 사랑꾼 도시가 바로 원주이다. 원주시 시민으로서 자랑스럽게 생각한다.

준호, 윤호 파이팅

올 크리스마스에는 준호 윤호 두 형제에게 축구화를 선물할 예정이다. 축구를 좋아하는 준호는 12살, 동생인 윤호는 10살 형제이다. 부모님은 어렸을 적 교통사고로 돌아가시고 할머니와 함께 살고 있다. 할머니도 몸이 좋지 않아 정부에서 주는 수급비로 겨우 세 식구가 살아가고 있었다.

축구를 좋아하는 준호는, 축구화를 살 형편은 못 되었다. 반 친구들은 방과 후 가끔씩 학교 운동장에서 축구를 하고 헤어지고는 하였다. 준호는 운동장 밖에서 친구들 책가방과 소지품을 지켜주며 축구가 끝날 때까지 기다렸다가 친구들과 함께 집으로 돌아가고는 하였다.

처음 축구 경기를 할 축구팀 멤버로 같이 하자고 친구들이 말했지만, 다 헤진 운동화로는 자존심이 상하여 애초에 안 한다고 하였다.
어느 날 상진이가 축구 경기 도중에 넘어져 발목을 다쳤다. 더 이상 공을 찰 수 없는 상황이 되었다 준호는 상진이에게 달려가 발목을 주물러주고 부축하여 운동장 밖으로 데리고 나왔다.
평소에 마음속으로 공 한번 실컷 차보고 싶었던 준호는 그날따라 갑자기 축구가 하고 싶다는 생각이 들었다고 하였다.

"상진아 괜찮아? 조금 쉬고 있어. 그런데 나 축구화 한 번만 빌려줄래? 너 대신 내가 뛰어볼게"

내성적이었던 준호는 용기를 내어 말했다고 하였다.
상진이는 생일날 아버지가 사준 운동화라 닳는다고 싫다고 거절을 하였다. 무안을 당한 준호는 서운한 내색도 못 하고 자존심이 상하여 얼굴만 붉힌 채 집으로 돌아와 방 한구석에서 눈물을 훔치고 있었다.
울고 있는 형에게 동생 윤호가 다가가

"형 괜찮아? 울지 마"

형의 등을 토닥여 주며 달래는 모습에 할머니는 숨죽여 가난을 탓하며 우셨다고 하였다.

준호의 사연을 옆집에 사는 지인에게 전해 들은 나는 아! 올 크리스마스에는 이 아이들에게 축구화를 선물해야겠다고 생각하였다. 제일 좋은 축구화 두 켤레와 축구공을 준비해서 2011년 크리스마스 선물로 주었다. 친구들과 함께 당당하게 운동장을 뛰어놀며, 힘차게 공을 차는 준호, 윤호의 모습이 눈에 선하다.

어쩌면 앞길이 창창한 이 아이들은 미래의 대한민국 국가대표 선수가 되어 대한민국 KOREA를 전 세계에 알리는 선수가 되지 않을까? 기분 좋은 상상도 해본다.

신나는 기부

매년 12월이 되면 나는 산타 할머니가 된다. 가정 형편이 어려운 아이들에게 깜짝 선물을 주기 위해서이다. 적은 돈으로 나름 신나고 재미있는 기부가 무엇일까 생각해 본다.

초록우산어린이재단은 매년 산타 원정대 캠페인을 하고 있다. 산타 원정대는

2007년부터 시작하여 지금까지 쭉 이어져 오고 있는 연중행사다. 부모가 없거나 가정 형편이 어려운 어린이들에게 1년에 한 번, 가지고 싶은 선물을 주는 행사로 매년 12월 초쯤 크리스마스에 맞추어서 하고 있다.

어린이들이 원하는 선물과 사연이 담긴 편지를 받거나 이웃 지인의 추천을 받아 부모님과 상의한 후 그에 맞는 선물을 준비한다. 나도 이 행사에 참여하기 위해 작은 상자에 구멍을 내어 저금통을 만들고 하루에 3,000원씩 1년을 저축한다.

내가 운영하는 음식점에 첫 손님이 먹고 가는 추억의 양은도시락(벤또) 하나의 값이다. 이 돈을 매일 넣어 1년을 준비하며 기다린다. 이번 달이면 드디어 저금통을 개봉하여 1,095,000원으로 아이들에게 필요한 선물을 구입하여 나누어 줄 수 있다.

초록우산 어린이재단과 함께 형편이 어려운 아이들을 선정하고 부모님을 통하여 아이들이 갖고 싶어 하는 것이 무엇인지 알아내어 아이들 모르게 진행한다.

패딩 점퍼, 축구화, 부츠, 가방, 운동화 등 다양하다. 예쁘게 포장하여 아이들 집으로 향한다. 산타 복장을 한 나를 보고 깜짝 놀

란 아이들은

"와~ 할머니 산타다"

하며 신기해하며 좋아한다.

선물을 받고 좋아하는 아이들을 보면서 잠시나마 동심의 세계로 돌아가 본다. 그 옛날 가난하고 어려웠던 어린 시절 크리스마스이브 날이면 양말 한 짝을 문고리에 걸어놓고 아침에 일어나

'산타 할아버지가 왔다 가셨나?'

궁금해하며 그 속에 장갑 한 켤레라도 들어있으면 얼마나 신이 나고 좋았던가, 어릴 적 생각이 저절로 떠올랐다.

어린이는 미래의 자원이자 이 나라의 주인공이다. 이 아이들이 밝고 맑게 자라야 건강한 사회가 될 수 있다고 생각한다. 환경이 어려운 어린이들에게 꿈과 희망을 심어주고 그 꿈을 이루고 펼칠 수 있도록 함께하는 우리 사회가 되었으면 하는 것이 나의 작은 소망이자 바람이다.

명륜1동
바르게살기운동

나는 귀하고 소중한 사람입니다.

아름다운 내 모습을 사랑합니다.

말씨 행동 목소리를 곱게 합니다.

내 이름은 귀하고 소중합니다.

예절은 에티켓과 매너입니다.

바른 마음가짐과 바른 몸가짐을 합니다.

명륜1동 바르게살기운동에서는 원주 향교 명륜당에서 청소년 어린이 대상으로 '나는 귀하고 소중한 사람'이라는 교육 등 여러 가지 프로그램으로 향교 바르게 알기 및 어린이 예절교육을 1년에 한두 번씩 하고 있다.

어릴 때부터 내 몸을 잘 지키고 보호하며 예의 바르게 자라나 이 사회에 모범이 되는 예쁜 어린이로 자랄 수 있도록 2018년부터 예절교육을 하고 있다.

2020년 작년에는 코로나바이러스 감염증-19의 영향으로 마스크 쓰기 거리 두기 5인 이상 집합 금지로 예절교육 사업을 하지 못했지만 코로나정국도 안정되어 가고, 전 국민의 코로나 예방접종으로 코로나느 안정이 되어 위드코로나로 전환되어 바르게살기운동 위원들과 함께 회의를 통해 예산을 세우고 준비를 하여 10월 14일 명륜1동 관내에 있는 명일어린이집 17명의 어린이와 함께 2021년 예절교육 및 전래놀이 체험을 향교의 잔디밭에서 하였다. 한복을 곱게 차려입은 어린이들은 예절교육이 끝난 후 잔디밭을 마음껏 뛰어놀며 제기차기, 투우던지기, 윷놀이를 병행하여 잊혀져가고 있는 옛 문화를 알게하고 체험하는 즐거운 전통놀이 행사를 성황리에 치뤘다. 남자 아이들의 제기차기 하는 모습은 씩씩하고 듬직하였다. 체험을 끝낸 어린이들에게 윷과 제기, 빵, 과자, 음료 등을 선물로 주었다.

향교는 고려 때 중앙집권체제 강화를 위해 각 지방에 박사와 교수를 보내 인재들을 교육하게 한 것이 시초가 되어 조선 성종 때 전국 군. 현에 향교가 설치되었다.

유교 예절과 경전을 배우는 교육기관으로 학생들은 서당에 나아가 시를 짓고 경전을 배우며 수업방식은 개별로 책을 읽고 궁금한 것은 질문하고 답하는 식으로 진행되었다.

향교의 학생들은 교생이라고 불렀다. 조선 초기 16세 이상 40세 미만의 평민 이상의 자제들을 대상으로 하였다. 요즈음 청소년들은 개인주의가 팽배하여 예의범절이 무디어져 가고 있고 배려보다는 나만 아는 경향이 짙어 향교의 예절교육이 필요하다고 생각하여 명륜1동 바르게살기 사업으로 쭉 이어오고 있다.

바르게살기운동 조직은 진실, 질서, 화합을 기본 이념으로 모든 국민이 민주주의 시민 의지로 함양하고 건전한 시민 생활 분위기를 조성하는데 이바지하는 국민적 단체이다. 나는 현재 원주시 명륜1동 바르게살기운동 위원장으로 활동하고 있다.

바르게살기 주요 사업인 학력 폭력 근절 캠페인, 골목 청소, 꽃밭 가꾸기, 화단 정화사업에 주력하여 20여 명의 회원들과 함께 마을의 모든 일을 의논하고 실천한다.

동장님을 모시고 여러 단체와 화합하여 깨끗하고 살기 좋은 으뜸 명륜1동을 만들기 위해 열심히 봉사하는 단체이다.

올여름 코로나19의 예방접종이 한창이었을 때이다. 나는 명륜1동에 사는 75세 이상 어르신을 모시고 화이자 백신 접종을 위하여 차량봉사를 하였다.

아들딸들이 멀리 외지에 살고 있어 보호자가 필요한 사람이나 몸이 불편하여 거동이 불편한 어르신들이 연락해오면 집에서, 접종 장소, 다시 집까지 안전하게 모셔다드리는 봉사였다.

한 분의 어르신을 모시는데 아들, 딸, 손주 등 여러 가족들이 감사하며 고마워하였다. 감사의 전화를 받았을 때는 보람도 느끼며, 차량 봉사의 뿌듯함까지 느꼈다.

변종임 할머니는 2차 접종 시 고맙다며 하얀 비닐봉지에 싼 덧버선 한 켤레를 주머니에서 꺼내어 선물로 주셨다. 받지 않으려고 하였으나 할머니의 성의를 무시할 수 없어 거절할 수가 없었다. 할머니가 주신 덧버선을 신은 나의 발걸음은 더욱더 빠르고 가볍게 움직였다. 옥수수 수확이 한창이었을 때 고맙다며 옥수수 한 자루를 보내온 주민에게도 감사드린다.

명륜1동
행정복지센터

몇 년 전부터 줄곧 추진해온 주민센터 이전에 관하여 명륜1동 주민들은 궁금해하고 있었다. 이전하고자 하는 장소로는 지금의 보훈회관 자리(구 보건소)가 물망에 올랐다. 지금은 명칭이 바뀌어 행정복지센터가 되었지만, 이전을 논의하던 당시는 주민센터였다. 유동인구가 많아 활발하게 움직이고 있는 남부시장을 중심으로 볼 때 현 주민센터와는 거리가 먼 조용한 아파트가 밀집된 곳으로 이전하고자 하였다. 현재 주민센터가 위치한 자리는 전통시장인 남부시장 부근으로 4개의 금융기관과 2개의 보험회사가 주위에 있고 많은 상가가 밀집된 곳이다.

날만 밝으면 사람들이 많이 몰려와 시장에서 물건도 사고 은행에서 발생하는 대출, 대부에 따르는 서류 발급, 시장 안의 매도,

매수 등 보험회사의 사망 사고에 따르는 각종 민원서류의 이용률이 높은 주민센터의 역할은 대단히 중요했다.

시간을 다투는 민원인들은 발 빠른 민원처리를 원하였다. 그래서 주민센터가 가까운 곳에 있기를 바랬다. 만약에 (구) 보건소 자리로 이전된다면 버스 노선이 별로 없어 남부권에서 여러 가지 일을 한꺼번에 보던 사람들은 택시나 자동차 또는 걸어서 한참을 가야만 하였다.

주민센터는 민원업무를 처리하는 행정기관이기에 복지업무도 중요하다. 저소득층 주민과 독거노인 등 복지혜택을 필요로 하는 소외계층 주민 대부분이 남부권에 많이 거주하고 있는 게 현실이다. 주민센터에서 라면이나 쌀, 부녀회에서 만든 반찬과 음식을 가져가는 그분들은 청사 이전의 부지는 접근성이 어렵기에 차량 이동보다는 수시로 걸어서 이용할 수 있는 가까운 주민센터가 절실한 입장이었다.

청사 이전을 추진하려는 사람들은 건물이 오래되고 주차장 공간 부족과 주민자치 프로그램 장소가 협소하다는 주장으로 이전을 추진하고자 하였다.

이러한 점은 나도 같은 동민으로서 이해하고 공감도 한다. 하지만 주민센터는 민원이 많이 발생하는 곳에서 발 빠른 민원처리와 민원서류 발급이 우선이고, 그다음에 주민 프로그램 여가선용을 활용해야 할 것이다. 이점이 주객이 전도되어서는 안 된다고 생각하였다.

이미 이웃 교회의 배려로 동 직원과 주위 사람들은 교회 주차장을 사용하니 주차는 어지간히 해소된 상태였다. 이렇게 생각한 나는 반대 운동에 나섰다.

2013년 당시 주민자치위원회 부위원장이었던 나는 청사 이전 반대 서명운동에 나섰고 2,500여 명의 서명을 받아 시청에 접수하였다. 주민자치단체에서 추진하려는 것을 주민자치 부위원장이 반대하고 나서니 위원들에게는 미움도 많이 받았.

반대하는 목적은 복지혜택을 받는 저소득층 이웃과 침체되어 가고 있는 남부권의 활성화를 위한 것이었다.

원주여자고등학교의 혁신도시 이전 이후 유동인구 감소와 전통시장 및 주위 상권 매출 감소로 이어지고 있었다. 이에 대한 대책이 시급한 가운데 주민센터까지 이전하게 되면 남부권은 계속해서 침체 속에 낙후될 것이라는 생각이 들었다.

남부권 주위에 사는 사람들은 스스로 동참하여 '동주민센터 이전 반대' 현수막도 걸어주고 밥도 사주며 아낌없는 격려와 협조로 주민센터 이전은 일단 보류가 되었다.

동네를 위하고자 나섰으나 어려운 점도 있어 마음고생으로 외로움도 많았다. 나는 주민자치위원회 위원들에게 눈총을 받아 자진하여 사퇴하는 아픔도 겪었다. 그 이후 여러 이전부지를 물색하여 보았으나 마땅한 부지를 찾지 못하였다.

그러던 중 지난해 2020년, 원주시는 향교와 협의하여 향교 부지를 싸게 매입하고 향교와 연계되는 장소에 명륜1동 행정복지센터 이전 계획을 발표하게 되었다. 현재의 행정복지센터에서도 가깝고 남부시장도 가까운 6차선 노로변에 충주의 관통선으로 이어져 교통도 편리하고, 복지혜택을 받는 사람들도 걸어서 갈 수 있는 훌륭한 장소이다. 1,000여 평의 부지에 향교와 어울리게 한옥으로 2층을 건축하고 주차장도 확보하였다.

2022년 2월에 착공하여 2023년 2월에 준공하고 입주할 예정이다. 8년 전 (구) 보건소 자리로 이전하려는 것을 뜻이 맞는 분들과 반대하지 않았다면 그쪽으로 이전이 되었을 것이다. 그렇게 되었다면 오늘의 이 좋은 행정복지센터 자리는 없었을 것이다.

찬성했던 사람들과 반대를 했던 사람들도 만족할 수 있는 장소로 이전하게 되어 좋았다. 특히 복지혜택을 받는 어르신들이 걸어서 다니기에는 안성맞춤의 좋은 거리이다.

명륜1동이 발전하는 모습을 보니 8년 전 힘들게 반대했던 무거운 짐을 벗은 것 같아서 마음이 편안하고 좋았다.

평생 배움으로
다시, 스무살

2020월 3월 2일

그 옛날 가정 형편이 어려워 오빠와 남동생에게 밀려 공부를 할 수 없었던 나에게 대학 입학은 대단한 승리였다.

공부에 대한 뜨거운 열정과 실력을 환하게 비추어줄 한라대학교. 67세의 나는 다시 스무 살의 소녀가 되어 학교 교정을 마음껏 걷게 되었다. 평일 야간 1일과 주말 1일 수업으로 다양한 시간대를 활용하여 직장을 오가며 공부도 할 수 있는 나에게 딱 맞는 미래라이프융합학부 학과이다.

음식점을 경영하고 있는 나로서는 학교 수업과 출석하기에 유리하고 좋았다. 젊은 학우들과 선의의 경쟁을 벌이며 리포트도 컴퓨터도 대학생답게 쓰고 다루어야 하는 실력에는 부족하지만, 지역 스포츠 인재로 발전해 나가는 대학생이라고 생각하니 즐거웠다.

그러나 모든 것을 컴퓨터로 사용하는 대학에서는 여러 가지 과제를 리포트로 작성하여 이메일로 제출하니 평소에 컴퓨터를 접하지 않던 나로서는 힘이 들고 난감하였다. 이럴 줄 알았으면 젊었을 때 컴퓨터를 배워놓을 걸 그랬나 보다.

내가 대학을 갈 것이라고 그 누가 상상이나 했겠는가?

컴퓨터 학원에 등록하여 실력 키우기에 온 힘을 쏟았다. 그러나 오늘 배우면 내일 잊어버리는 게 지금의 내 나이인 듯하다.

밤 12시 식당 영업을 끝내고 집에 와서 낮에 배운 컴퓨터 교재를 보면서 1~2시간 복습에 복습을 하고는 잠을 청했다. 몸은 고단하였지만, 하루하루 늘어가는 컴퓨터 실력에 재미도 있었다.

나이가 많은 나는 젊은 학생들에게 뒤처져 꼴찌는 절대로 하지 않겠다는 각오로 열심히 노력하였다. 노력한 결과 지금은 학교 과제 정도는 잘하고 있으며 성적도 나름 만족스럽다. 이 실력까지 오기에는 우리 아들 신세도 많이 졌다. 모르는 것이 있으면 체면 불구하고 불러내어 물어보았다. 잘 알아듣지 못하는 나에게 아들도 속으로는 많이 답답했을 것이다.

내가 낳은 아들이지만, 아들은 괜찮다 해도 나는 눈치가 보였다. 아들네 4식구와 식사도 자주 하고 손주들 용돈도 수시로 주었다. 묵묵히 응원군이 되어주는 친절한 아들이 있어서 실력은 점점 향상되어갔다.

앞으로 4년의 교육과정을 통하여 전문자격증을 취득하여 나의 건강이 허락하는 한 노인들의 건강하고 즐거운 삶에 도움을 주는 자원봉사자가 되는 게 나의 꿈이고 바람이다.

나의 학번은 202057012이다.

1학년 때 윤혜영 교수님의 사고와 소통이라는 강의는 나에게 많은 도움이 되었다. 상대의 이익에 맞추어 말하는 지혜도 얻었다.

- 말하기 전에 생각하라.
- 상대의 지향과 나의 지향이 일치하도록 말하라.
- 상대의 이익에 맞추어 말하라.
- 말의 수위를 조절하여 말하라.

말하기의 기술로 상대방을 이기며 설득하는 방법 등은 나의 인격과 품위를 한 단계 업그레이드해 세련되게 만들었다.

지금까지의 말은 하고 싶은 대로 하였으나 이제는 배웠으니 말하기 전에 한 번 더 생각하고, 특히 상대의 이익에 맞추어 말을 하니 화자와 청자의 관계가 부드럽고 좋아졌다.

'무식은 신의 저주이며 지식은 하늘에 이르는 날개다.'

라는 셰익스피어의 명언을 생각하며 대학 진학은 내가 하였던 일 중에 가장 잘했다는 생각이 들었다.

나의 전공은 스포츠문화예술융합이다. 이름 그대로 각종 스포츠를 배우고 문화예술을 공부하여 졸업 후 노인 생활체육 지도자가 되는 목표를 가지고 있다.

나도 나이를 먹어 늙어가니 노인이 노인을 지도하며 보살피는 일은 나름대로 재미도 보람도 있을 것이다. 이 목표에 힘을 실어줄 두 분의 교수님이 계신다. 학과장님이신 장호중 교수님과 안명식 교수님이다.

장호중 교수님은 스포츠란 스포츠는 못하는게 없는 분이시다. 교수라는 직업을 떠나 본인의 자세를 낮추고, 학생들의 눈높이에 맞추어 어울리기를 좋아하고, 스트레스 없는 즐거운 학교생활을 할 수 있도록 다가와서 가르치는 교수님을 좋아하며 존경한다.

작년 1학년 때는 태안에서 하계 스포츠 과목으로 요트 시험이 있었다. 바다 한가운데 부표를 세워놓고 바람이 부는 방향을 잘 관찰하여 그 바람을 이용하여 요트를 운전하며 부표를 돌아 선착장에 도착하고 주차하는 과정까지가 시험 범위였다.

시퍼런 바닷물에 빠질까 봐 긴장도 되었다. 만약의 사고를 대비해 구조대 경비정이 시험장인 바다를 지키고 있었다. 같은 시험을 보던 학우의 요트와 부딪힐까 봐 조심스레 노를 저으며 부표를 돌아왔던 아슬아슬하고 짜릿했던 1학기 말 요트 실기시험은 자연과 더불어 즐거웠다.

2박 3일의 동계스포츠, 횡성군 둔내면의 웰리힐리파크 겨울스키장에서 스키 수업을 하던 마지막 날, 함박눈은 펑펑 내리고 있었다. 함박눈을 맞으며 타는 스키는 낭만이 있어서 즐겁고 재미있었다. 스키로 1학년 2학기 말 실기시험을 보고 아름다운 추억을 한 페이지 남겨놓았다.

2학년인 올여름 2021년 하계 스포츠, 동해의 바닷가에서 바닷바람과 함께 파도를 즐기며 타는 서핑과 패들보드의 수업이 있었다. 파도가 칠 때마다 배는 뒤집히고 몸은 물에 빠져 지치고 힘들었지만, 서핑, 패들보드는 즐겁고 재미있는 고급 스포츠였다.
나는 서핑보다는 패들보드가 쉬울 것 같아서 패들보드를 선택하였다. 그러나 실제 수업을 받아보니 서핑보다 두 배가 더 힘들어 중도에 포기하고 서핑을 즐기며 학우들의 모습을 사진기에 담았다. 학생들을 위해서 비싼 수업료를 내주며 여러 종류의 스포츠를 가르치는 학교에 감사한 마음이 들었다.

나는 수업을 받으면서 학교와 학과 선택을 참 잘했다고 생각하였다. 이처럼 해변에서 바닷바람과 함께 자연을 즐기며 공부도 할 수 있으니 이보다 더 좋은 학교는 없으리라 생각하였다. 3일간의 마지막 수업 날까지 따가운 땡볕 아래 교수님은 쉬지도 못하셨다. 파도가 오는 것을 수시로 관찰하여 파도가 밀려오면 학생들이 탄 배를 힘껏 밀어주어 해안가의 모래사장에 도착하고 착지하는 서핑 수업에 열정을 다하는 교수님 얼굴은 어느새 햇볕으로 까맣게 그을리고 있었다.

바닷물과 배와 파도에 지친 학생들은 바다에 들락날락하면서 정경호 학생이 삶아온 왕왕계란 3판을 간식으로 허기진 요기를 채우며 먹었던 추억은 평생 잊지 못할 것이다.

나이가 많은 나는 젊은 학우들처럼 강한 훈련과 수업을 받지 못하여 기본만 받아 실력은 별로였으나 다른 학생 못지않은 후한 점수를 주신 장호중 교수님께 감사드린다.

탁구 수업으로 2학년 1학기 말 고사를 보았다. 교수님은 나에게

탁구 실력이 많이 늘었다고 하였다.

소녀처럼 맑은 웃음의 안명식 교수님은 날씬하고 예쁜 교수님이시다. 라인댄스와 포크댄스를 지도하시고 학생들과 잘 어울려 인기도 좋으시다.

교수님의 지도하에 김태연 엄미경 선생님과 함께하여 웃음 지도자, 레크리에이션 지도자, 실버 체조 지도자, 시니어 운동 지도자 2급 자격증을 각각 취득하였다.

3학년 내년에는 1급 자격증에 도전할 생각이다.

나이가 많은 나에게 항상 밝은 웃음으로 친절하게 대해주시고 라인댄스, 포크댄스 학기말 실기시험 점수도 후하게 주시니 너무 감사하다.

올 겨울 동계스포츠로 2021년 12월 11~12일 양일간에 걸쳐 강릉 종합체육관 컬링센터에서 오정희 교수님의 컬링 실기수업이 있었다.

빙판에서 둥글고 납작한 돌을(스톤) 미끄러 뜨려 표적(하우스) 안에 넣어 득점을 겨루는 경기인 컬링은 스톤이 지나가는 얼음 길을 빗자루 모양의 솔을 이용하여 닦아서 스톤의 진로와 속도를 조절하여 하우스 목표 지점에 최대한 가깝게 멈추도록 해야 득점을 얻을 수 있다. 보기에는 쉬운 것 같았지만 빙판이 미끄러운 얼음판이라 스톤을 하우스 중앙지점에 넣기란 쉬운일이 아니었다. 4명이 한조를 이루어 4개 조로 나뉘어 2학년 2학기 학기말고사를 컬링으로 보았다. 우리 1조인 4명은 최선을 다하여 끝까지 경기에 임했으나 아쉽게도 4등인 꼴찌를 하였다. 그러나 너무너무 재미있는 경기였다.

댄싱카니발

지상 최대 최장의 퍼레이드형 경연 퍼포먼스 축제 원주다이내믹 댄싱 카니발이 2021년 11월 19~21일 원주 종합체육관에서 열렸다. 나이가 많은 나에게 안명식 교수님은 댄싱 카니발 축제에 출전을 권하셔다. 일상생활에 바쁘기도 하고 춤에 자신이 없던 나는 망설이고 있었다.

"학창 시절에 좋은 추억거리를 만들 좋은 기회이니 한 번쯤 경험해 보는 것도 괜찮을 것이다. 언제 이런 기회가 또 올 것인가?"

교수님의 말씀에 용기를 얻어 출전하게 되었다.

우리 학교는 댄스 부분에서 특히 강하다. 작년에도 영국에서 개

최한 온라인 라인댄스 세계선수권 대회에서 1학년 라인댄스팀 3명을 강한 훈련으로 지도하여 각각 1위를 입상하는 영광을 누려 대한민국 KOREA 위상을 세계에 떨친 것에 이어 올해도 1~2학년이 출전하여 나이별, 레벨에서 세계 1위와 2위로 한라대 미래융학부의 명성을 전 세계에 알렸다.

나도 이 기회에 우리 학교의 댄스가 세계 최고라는 것에 한몫하기로 마음먹고 직장인 구들장을 직원에게 맡기고 내 빈자리를 알바로 채워가며 춤 스텝 익히기에 열중하였다 그러나 춤의 난이도가 높아 스텝 익히기에 고생을 하였다.

"음악소리를 많이 듣고 귀에 익혀서 율동 히라"

는 교수님의 말씀이 있었지만 어떤 음악이 나올 때 어떤 동작으로 팔과 다리가 움직여야 하는지 감이 오질 않았다. '나 하나 때문에 대회를 망치는 것이 아닌가?' 한편으론 은근히 걱정되어 중도에서 포기할까도 망설였지만 한 명이라도 빠지면 안 된다는 교수님의 강한 의지로 말도 못 하고 수없이 반복하여 연습을 하였다.

그러나 26명과 함께 팔과 다리의 동작을 동일하게 호흡을 딱딱 맞추기란 쉽지 않았다. 이러한 어려움을 겪는 우리들에게 교수님은 작전을 바꾸었다. 춤을 잘 추는 학우들을 1:1로 붙여 연습을 통해 한 명도 낙오 없이 어울릴 수 있도록 하였다. 26명의 연습생들의 직장이 다양하다 보니 수시로 빠지는 학우들이 많아 파트너를 자주 바꾸어 가며 연습을 하니 춤은 늘 제자리에서 늘지가 않았다. 교수님은 말씀은 안 하셨지만 속으로는 애가 많이 타셨을게다. 음악과 몸이 따로 놀던 나에게 대회가 가까이 올 때쯤 음악소리가 자연스레 들리기 시작하면서 내 몸은 어느 사이 음악을 따라다니기 시작하였다.

다양한 연령대의 성인 학습자인 미래라이프융합학부 1, 2학년 26명은 선후배가 같이 할 수 있는 기회가 되어서 친해지고 소통할 수가 있어 학교 통합을 이루니

"나도 할 수 있다."

는 하나의 마음을 가지고 2개월 밤 낮으로 열심히 연습을 하였다. 어려운 역경을 이겨낸 우리는 드디어 댄싱카니발 실버팀으로 출전하여 최우수상을 수상하였고 상금도 3백만 원을 받았다. 수상을 발표하는 순간 우리는 감격의 눈물을 흘렸다. 교수님의 눈가에도 어느 사이 이슬이 맺히고 있었다. 교수님은 제자인 우리가 신통하여 대견해하였다. 좋은 성과를 얻은 화려한 무대 뒤에는 보이지 않는 곳에서 도와주고 밀어주는 사람들이 있기에 가능했다.

첫째로 교수님의 부드러우면서도 강한 지도력이 있었고, 둘째로 과 대표인 유재옥 님과 라인댄스팀 정경호 회장님이 수시로 연습에 집중하니 훌륭한 결과를 만들게 된 것이 아니겠는가. 김태연, 엄미경 학우도 연습생 관리를 해가며 시간을 쪼개어 춤에 뒤 처지는 나에게 1:1의 개인교습을 해주어 교수님에게 "춤을 예쁘게 춘다"라는 칭찬도 받았다.

그 이외에 1, 2학년 여러 학우님들의 물, 음료, 김밥, 부치기 등 많은 간식거리의 찬조로 인하여 먹거리도 푸짐하여 좋은 분위기 속에서 춤 연습이 힘든 줄 몰랐다.

나는 평생에 단 한 번 속눈썹을 붙이고 짙은 무대화장을 하고 댄싱카니발에 출전하여 화려한 변신도 해보았고, 또 다른 나의 모습을 보니 이런 추억을 만들어주신 교수님께 감사한 마음이 들었다. 교수님이 추천하지 않았다면 평생 속눈썹 한번 붙여보지 못할 뻔하였다.

나의 댄스 파트너 이철호 학우님, 평택에서 등하교를 하며 나와 함께 호흡을 맞추어 보람있고 아름다운 추억거리를 같이 만드니 이 인연 또한 감사하다.

금쪽같은
내 자식들에게

사랑하는 아들 진태야!

엄마 마음을 유리알같이 알아주는 내 딸 진경아!

어느덧 엄마의 나이도 낙엽이 보이는 단풍 든 나이 68세가 되었구나. 지난날을 돌이켜보면 세월에 떠밀리고 바람에 휘둘리는 고단한 삶이었다.

아버지가 너무 일찍 돌아가시어 아버지의 사랑도 받지 못하고 자라나는 너희 두 남매를 볼 때 가슴을 도려내는 아픔과 서러움도 많았단다.

그래도 너희들이 내 곁에 있어 주었기에 힘든 줄 모르고 지금까지 살아왔구나, 고생한 보람만큼 잘 자라주어 이 사회에 큰 그릇이 되었으니 이제는 더 바랄 것이 없다.

너희들도 결혼해서 아들딸을 낳아 한 가정의 가장이 되고 보호자가 되었으니 어머니로서 아버지로서 그 자리에 책임을 다하여 건강한 가정을 꼭 지켜주길 바란다.

특히 아이들 인성교육에 힘쓰고 나보다 못한 이웃을 돌아보며, 인정 있는 사람으로 살았으면 더 바랄 것이 없겠구나.

그리고 진태야!

너에게 당부의 말을 하고 싶구나.

너는 네 아내 도윤 엄마를 귀히 여기고 눈물 흘리지 않도록 조심하길 바란다.

김씨 집안에 시집와서 뿌리를 내린 사람이다.

이보다 더 고마운 사람이 어디 있겠니.

심성이 착해서 마음이 여린 사람이다.

말 한마디라도 조심해서 아껴주길 바란다.

엄마는 항상 네 옆에 있기는 하지만 이 세상 끝까지 함께 할 수 없으니 그래도 네 곁에 서서 네 편이 되어줄 사람은 단 한 사람 도윤 엄마 뿐이다.

천상 여자이고 알뜰한 도윤 엄마를 볼 때 애잔하고 애틋한 마음이 드는구나.

내년 도윤 엄마 생일 때는 도윤 엄마를 위하여 멋진 파티를 하자꾸나. 좋은 음식과 좋은 옷도 행복이지만 따뜻한 말 한마디에 녹는 것이 여자임을 명심해라.

진경아!

너는 민서아범이 이마트 대기업에서 중역으로 큰일을 하고 있지만 더 큰 사람이 될 수 있도록 내조의 지혜가 있기를 바란다. 너희 네 식구가 행복하게 살아가는 것을 보면 엄마는 마음이 훈훈하다.

어쩌다 서울에서 내려와 엄마 차를 빌려 쓰고 휘발유를 만땅 채워놓고 가는 너를 볼 때 겉으로 말은 안 했지만 속으로는 기분이 좋았다. 휘발윳값이 문제가 아니라 네 마음속에 엄마가 있다는 것을 보았기 때문이다.

이렇게 작은 일에 마음을 쓰니 시어머니도 너를 좋아하는 이유를 알겠구나. 이 세상에서 가족은 우선이고 제일이다. 내가 힘들고 어려울 때 울타리가 되어 주는 것은 가족뿐임을 명심해라.

사랑하는 손주

김도윤, 김도현, 강민서, 강민제

애들아!

할머니는 너희들을 많이 많이 사랑한단다.

눈에 넣어도 아프지 않을 내 손주들이다.

밝고 맑고 바르게 자라 이다음에 훌륭한 사람이 되어

할머니의 작은 자서전이지만 할머니의 일생을 읽어주길 바란다.

할머니의 인생살이는 결코 순탄치는 않았으나 우리 가족들이 있었기에 든든하였다.

너희들이 있었기에 그런대로 보람 있고 후회 없는 삶을 재미있게 살았구나….

발행일	2021년 12월 1일
발행인	박경애

출 판 인 쇄	이야기담談
편집디자인	홍선희
출 판 등 록	제 2012-000018호
주소	강원도 원주시 북원중길 43-5
대 표 전 화	070.8855.1827

다시, 스무살 ⓒ 박경애 2021

ISBN 979-11-88729-24-1

* 저작권으로부터 보호받는 저작물이므로 저작권자의 서면 동의없이 다른 곳에 옮겨 싣거나 베껴 쓸 수 없으며 전산장치에 저장할 수 없습니다.